# 数字文化对教育革新的影响探析

张丽娟 著

吉林文史出版社

**图书在版编目（CIP）数据**

数字文化对教育革新的影响探析 / 张丽娟著. -- 长春 ：吉林文史出版社，2023.9

ISBN 978-7-5472-9813-8

Ⅰ．①数… Ⅱ．①张… Ⅲ．①数字技术－应用－教育学－研究 Ⅳ．①G40-39

中国国家版本馆CIP数据核字(2023)第184990号

## 数字文化对教育革新的影响探析
SHUZI WENHUA DUI JIAOYU GEXIN DE YINGXIANG TANXI

| | |
|---|---|
| 出 版 人 | 张　强 |
| 著　　者 | 张丽娟 |
| 责 任 编 辑 | 张雪霜 |
| 版 式 设 计 | 王春涛 |
| 封 面 设 计 | 王春涛 |
| 出 版 发 行 | 吉林文史出版社 |
| 电　　话 | 0431-81629352 |
| 地　　址 | 长春市净月区福祉大路5788号出版大厦 |
| 印　　刷 | 武汉怡皓佳印务有限公司 |
| 开　　本 | 880mm×1230mm |
| 印　　张 | 5.75 |
| 字　　数 | 208千字 |
| 版　　次 | 2023年9月第1版 |
| 印　　次 | 2023年9月第1次印刷 |
| 书　　号 | ISBN 978-7-5472-9813-8 |
| 定　　价 | 56.00元 |

# 前　言

　　《数字文化对教育革新的影响探析》是一本探讨数字化时代教育变革的专题书籍。本书从网络社会文化的视角出发，深入研究数字文化对教育的影响，并剖析教育变革所面临的关键挑战。同时，书中探讨了数字文化与学习环境、网络社交与学习网络、数字技术融入课堂教学、教育评估与数据分析以及未来数字化时代教育的展望等重要议题。

　　第一章着重阐述了数字化时代对教育的变革，首先探讨了数字文化对教育的影响，进一步剖析了教育变革所面临的关键挑战，并揭示了网络社会文化对教育的启示。

　　第二章从数字文化与学习环境的角度出发，探讨了数字技术在学习环境中的作用，深入探讨了移动学习、虚拟现实以及个性化学习与自主学习等方面的内容。

　　第三章聚焦于网络社交与学习网络，详细介绍了社交媒体在学习中的应用，探讨了在线学习社区与合作学习，以及知识共建与社会学习网络的重要性。

　　第四章重点探讨了数字技术如何融入课堂教学，包括数字化教学设计原则与策略、在线教育资源与开放教育，以及教师角色与技能的转变。

　　第五章关注教育评估与数据分析，介绍了数字化教育评估的方法与工具，深入探讨了学习分析与个性化反馈，以及数据隐私与伦理问题。

最后一章展望了未来数字化时代教育的发展方向，探讨了数字化教育的趋势与展望，评估新兴技术对教育的潜在影响，并深入探讨了未来教育所面临的挑战与机遇。

《数字文化对教育革新的影响探析》旨在为教育从业者、教育研究者以及对数字化教育感兴趣的读者提供全面而深入的理论和实践指导，以帮助他们更好地应对数字化时代教育的挑战和变革。通过对数字文化与学习环境、网络社交与学习网络、数字技术融入课堂教学、教育评估与数据分析等领域的研究和讨论，读者可以获得对数字化时代教育的全面认识，并了解未来教育发展的趋势和方向。

本书的特点在于从网络社会文化的视角出发，深入剖析数字化时代教育的本质特征和变革趋势。同时，书中结合理论研究和实践案例，提供了丰富的案例分析和应用指导，帮助读者更好地理解和应用相关理论和概念。

通过阅读《数字文化对教育革新的影响探析》，读者可以深入了解数字化时代教育的重要议题和关键挑战，掌握数字化教育的理论框架和实践策略，并在实际教育工作中运用相关知识和技能。无论是教育从业者、教育管理者还是教育研究者，都可以从本书中获得宝贵的启示和指导，为数字化时代教育的发展做出贡献。

# 目 录

第一章　　数字化时代的教育变革･･････････････････1

　第一节　数字文化对教育的影响･･･････････････1

　第二节　教育变革的关键挑战･･･････････････････8

　第三节　网络社会文化对教育的启示･･････････18

第二章　　数字文化与学习环境････････････････24

　第一节　数字技术在学习环境中的作用･･････24

　第二节　移动学习与虚拟现实･･･････････････････32

　第三节　个性化学习与自主学习･･･････････････44

第三章　　网络社交与学习网络････････････････51

　第一节　社交媒体在学习中的应用･･････････････51

　第二节　在线学习社区与合作学习･･････････････60

　第三节　知识共建与社会学习网络･･････････････67

第四章　　数字技术融入课堂教学････････････74

　第一节　数字化教学设计原则与策略･･･････････74

　第二节　在线教育资源与开放教育･･････････････90

　第三节　教师角色与技能的转变･･･････････････112

第五章　教育评估与数据分析 ·················120

　　第一节　数字化教育评估的方法与工具 ········120

　　第二节　学习分析与个性化反馈 ·············133

　　第三节　数据隐私与伦理问题 ···············140

第六章　未来数字化时代教育的展望 ···········147

　　第一节　数字化教育的趋势与发展方向 ·······147

　　第二节　新兴技术对教育的潜在影响 ·········158

　　第三节　未来教育的挑战与机遇 ·············166

参考文献 ···············································174

# 第一章　数字化时代的教育变革

　　随着数字化时代的来临，教育领域正在经历着一场革命性的变革。数字技术的广泛应用和互联网的普及，为教育提供了全新的可能性和机遇。从传统的面授教学向数字化教育的转变，改变了学习方式、教学模式和教师角色，对教育的未来带来了深远影响。

　　数字化时代的教育变革正在改变学习方式、教学模式和教师角色。学生通过在线学习平台和数字工具获取知识，实现个性化学习和全球化互动。教师成为学生学习的引导者和合作伙伴，需要掌握数字技术和设计创新教学方案。然而，数字鸿沟和教育公平性等挑战需要被解决，以确保数字化教育的普及和有效实施。数字化教育变革为教育带来了创新和发展的机遇，为学生提供了丰富多样的学习体验。

## 第一节　数字文化对教育的影响

　　数字文化的迅猛发展正在对教育产生深远的影响。随着数字技术和互联网的普及，我们进入了一个数字化的时代，数字文化已经成为了人们生活的重要组成部分。在这个数字文化的背景下，教育领域也在发生着革命性的变革。数字文化给教育带来了全新的机遇和挑战，塑造了学习方式、知识获取方式和学生与教师的互动模式。

数字文化对教育产生了广泛而深远的影响。下面详述数字文化对教育的主要影响方面：

## 一、学习和知识获取的方式改变

数字文化的发展为学生提供了更加便捷和灵活的学习途径，开启了个性化学习的新时代。通过互联网和在线学习平台，学生可以随时随地获取丰富多样的教育资源，如电子教材、教学视频、在线课程等。这使得学生不再局限于传统的教室和教师的讲授，而是能够根据自己的需求和兴趣自主选择学习的内容、时间和地点。

首先，数字化学习使得学习资源变得更加普遍和无处不在。学生可以通过互联网访问全球范围内的优质教育资源，不再受限于教科书或有限的学校资源。他们可以通过在线学习平台学习最新的知识和研究成果，与世界各地的专家和学者进行互动和交流。这种便捷的获取方式为学生提供了广阔的学习空间，激发了他们的求知欲望和探索精神。

其次，数字化学习为学生提供了个性化学习的机会。学生可以根据自己的学习风格和节奏，选择适合自己的学习资源和学习方式。在线学习平台通常提供了个性化的学习路径和学习推荐，根据学生的学习历史和兴趣偏好，为其提供定制化的学习内容和学习建议。这种个性化学习的模式能够更好地满足学生的学习需求，提高学习效果和学习动力。

此外，数字化学习也促进了学生的自主学习和自我管理能力的培养。在传统的教室环境中，学生通常是被动接受知识和指导的。而通过数字化学习，学生需要主动选择学习的内容和资源，制定学习计划并管理自己的学习进度。这种自主学习的过程培养了学生的自我学习能力、自我驱动能力和时间管理能力，使他们成为更加独立和自信的学习者。

然而，数字化学习也面临一些挑战和问题。数字鸿沟是其中之一，指的是由于经济条件、技术访问和数字素养等方面的差异，一些学生无法充分享受到数字化学习所带来的便利和机会。数字化学习还存在着信息过载和质量控制的问题。随着大量的教育资源在互联网上的涌现，学生需要具备辨别和筛选信息的能力，以确保他们获取到准确、可靠的知识。同时，教育者和教育机构也需要对数字化学习资源进行质量监控和评估，以保证学生接触到优质的教育内容。

另外，数字化学习在一定程度上削弱了面对面的互动和人际交流。传统的教室环境中，学生可以与同学和教师进行实时的互动和讨论，这种交流对于知识的理解和深化起到了重要的作用。在数字化学习中，虽然学生可以通过在线平台与他人交流，但缺乏面对面的互动可能会影响学生的合作能力和社交技巧的培养。

数字文化为学生提供了更加便捷和灵活的学习途径。通过互联网和在线学习平台，学生可以自主选择学习内容、时间和地点，实现个性化学习。然而，数字化学习也需要教育者和教育机构关注和应对相关挑战，如数字鸿沟、信息过载和质量控制等，以确保学生能够充分受益于数字化学习，并培养出全面发展的能力。

## 二、学习体验的丰富化

数字文化为学生提供了丰富多样的学习体验。通过虚拟实境、增强现实和交互式学习工具，学生可以进行身临其境的虚拟实验、实践模拟和互动游戏，提高学习的趣味性和参与度。数字文化还促进了学生之间的协作和合作，通过在线协作平台和社交媒体，学生可以与同伴分享想法、讨论问题，并共同解决挑战。

首先，虚拟实境和增强现实技术为学生提供了身临其境的学习体验。通过虚拟实验室，学生可以进行各种实验，观察和操作虚拟实验器材，从而提高实验技能和科学思维能力。而增强现实技术则将虚拟元素与现实场景结合，使学生能够通过手机、平板电脑或头戴式设备与虚拟物体进行互动。这种身临其境的学习方式能够激发学生的好奇心，增强他们对知识的探索和理解。

其次，交互式学习工具提供了学生与学习内容互动的机会。通过在线教育平台或学习应用程序，学生可以参与互动式的学习活动，如问题解答、案例分析和模拟实践等。这种学习方式可以帮助学生深入理解和运用知识，培养解决问题的能力和创新思维。同时，学生可以根据自己的学习进度和兴趣选择学习内容，提高学习的个性化和自主性。

此外，数字文化还促进了学生之间的协作和合作。通过在线协作平台和社交媒体，学生可以与同伴分享想法、讨论问题，并共同解决学习中的挑战。他们可以进行群组项目、远程协作和在线讨论，通过互动和合作培养团队合作和沟通技巧。这种协作学习的方式不仅提高了学生的学习成效，还培养了他们的合作能力、领导能力和跨文化交流能力。

数字文化为学生提供了丰富多样的学习体验。虚拟实境、增强现实和交互式学习工具使学习变得更加有趣、生动和参与度高。学生可以通过身临其境的虚拟实验和实践模拟，提高实践能力和科学思维能力。同时，数字文化也促进了学生之间的协作和合作，通过在线协作平台和社交媒体，学生可以分享和讨论学习内容，共同解决学习中的问题。这种互动和合作的学习方式有助于培养学生的团队合作精神、沟通技巧和解决问题的能力。

## 三、教学和评估方法的创新

数字文化催生了创新的教学和评估方法。教师可以利用在线教学工具和学习管理系统，设计个性化的学习路径和任务，根据学生的进展情况进行实时反馈和调整。数字化的评估方式，如在线测验和自动化评分系统，提供了更加客观和及时的学习评价，帮助教师了解学生的学习情况并进行有针对性的指导。

通过在线教学工具，教师可以创建多样化的教学资源，包括教学视频、互动课件、在线讨论板等，以丰富学生的学习体验。学生可以根据自己的学习风格和进度选择适合自己的学习材料，并在自己的节奏下进行学习。教师可以根据学生的学习数据和反馈信息，进行实时的个性化指导和支持，帮助学生克服困难，提高学习效果。

此外，学习管理系统也为教师提供了便捷的教学管理工具。教师可以使用学习管理系统创建和安排学习任务，追踪学生的学习进展，收集学生的作业和测验结果，并提供及时的反馈和评价。学习管理系统的使用可以提高教师的工作效率，使其更加关注学生的学习情况，更好地进行教学指导和个性化支持。

在评估方面，数字文化也带来了创新的评估方式。传统的书面测验逐渐被在线测验取代，学生可以通过在线平台完成测验，系统自动进行评分和反馈。这种自动化评分系统能够提供更加客观和及时的评价结果，减轻了教师的评改负担，同时为学生提供了快速了解自己学习成绩和知识掌握情况的机会。

另外，数字化的评估方式还可以为教师提供更全面的学生综合评估。通过学习管理系统收集的学生学习数据和反馈信息，教师可以获得更多关于学生学习过程和学习习惯的信息。这些数据可以帮助教师更好地了解学生的学习需求和问题，从而进行更有针对性的指导和调整。

数字文化的兴起催生了创新的教学和评估方法，为教育领域带来了巨大的变革和发展。教师可以借助在线教学工具和学习管理系统，为学生设计个性化的学习路径和任务。

## 四、全球化教育和跨文化交流

数字文化打破了地域限制，实现了全球化的教育交流。学生可以通过在线平台与世界各地的教育者和学生进行互动和合作，分享不同文化背景和观点，开阔视野，培养跨文化交流和合作的能力。数字文化为学生提供了参与全球性课题和项目的机会，拓展了他们的学习和成长空间。

首先，数字文化为学生提供了与国际教育者和学生互动的机会。通过在线学习平台、教育社交网络和虚拟学习环境，学生可以与其他国家或地区的学生共同参与学习项目、研究课题或竞赛活动。他们可以分享自己的观点和经验，了解其他文化的视角，拓宽自己的思维和知识领域。这种全球性的教育交流有助于培养学生的跨文化交流和合作能力，增强他们的国际意识和全球视野。

其次，数字文化为学生参与全球性课题和项目提供了平台。通过在线合作平台和科研网络，学生可以与国际研究团队或组织合作，共同研究解决全球性的问题，如环境保护、可持续发展、公共卫生等。他们可以通过远程协作、共享数据和资源，共同探索解决方案，并为社会做出积极的贡献。这种全球性的合作与项目经历不仅丰富了学生的学习经验，还培养了他们的团队合作、沟通和领导能力。

此外，数字文化也为学生提供了全球范围的学习资源和学习机会。通过在线课程、开放式学习资源和教育平台，学生可以接触到来自世界各地的优质教育资源和学习材料。他们可以选择参加国际性的学习项目、研讨会或讲座，与国际教育界的专家和学者进行学习交流。这种全球化的学习机会为学生提供了更广阔的学习和成长空间，激发了他们的学习兴趣和求知欲望。

数字文化给教育带来了革命性的变化。它丰富了学习方式，提供了个性化学习的机会；丰富了学习体验，增加了趣味性和参与度；促进了教学方法和评估方式的创新；推动了教育的全球化和跨文化交流。然而，数字文化也带来了一些挑战和问题，如信息过载、数字鸿沟和隐私安全等。因此，教育界需要积极应对这些挑战，提供适应数字文化时代的教育方案和政策，以确保数字化教育的普及和有效实施。

数字文化对教育的影响是深远的。它不仅促进了全球范围内的教育交流和合作，也拓宽了学生的视野和学习空间。学生可以通过与国际教育者和学生的互动，了解不同文化的观点和想法，增强跨文化交流和合作的能力。同时，参与全球性的课题和项目，学生能够面对更复杂的问题，培养解决问题的能力和创新思维。通过接触全球范围的学习资源和学习机会，学生可以拓宽知识领域，开拓个人发展的更多可能性。

# 第二节　教育变革的关键挑战

教育领域的变革是当今社会面临的重要挑战之一。随着科技的迅猛发展和社会需求的变化，传统的教育模式面临着许多挑战和限制。为了适应这个快速变化的时代，教育变革变得迫切而必要。

教育变革面临着一系列关键挑战，这些挑战影响着教育体系的发展和学生的学习成果。以下是一些教育变革的关键挑战：

## 一、技术整合和数字鸿沟

随着科技的快速发展，将技术整合到教育中已成为教育变革的重要方向。然而，数字鸿沟成为了一个严重的挑战。许多学校和学生仍面临着技术设备不足、网络连接不稳定以及数字技能缺乏等问题，导致数字鸿沟的存在。解决数字鸿沟，确保所有学生都能平等获得数字教育资源和机会，是教育变革的重要任务。

数字鸿沟在教育变革中是一个重要的挑战，主要表现为以下几个方面：

首先，技术设备不足。许多学校和学生面临着技术设备不足的问题。一些学校缺乏足够的计算机、平板电脑等设备，无法为学生提供充分的数字学习环境。这使得部分学生无法享受到数字教育带来的便利和优势，造成了数字鸿沟的存在。

其次，网络连接不稳定。在一些地区或学校，网络连接质量不稳定，导致学生在使用在线学习平台或资源时经常遇到断网或加载缓慢的问题。这限制了学生对数字教育资源的访问和利用，增大了数字鸿沟的差距。

第三，数字技能缺乏。尽管技术设备和网络连接可用，但一些学生可能缺乏足够的数字技能来有效地利用这些工具和资源。缺乏对数字工具的熟悉和掌握，使得他们难以充分参与到数字学习中，从而加剧了数字鸿沟的现象。

另外，经济条件限制。数字教育所需的技术设备和网络连接对于一些经济条件较差的家庭来说可能是负担过重。这导致这些学生无法购买或获得必要的数字学习工具，使他们在数字教育中处于不利地位，加剧了数字鸿沟的存在。

解决数字鸿沟需要综合的策略和措施，包括提供足够的技术设备和网络连接，提供相关的数字技能培训和支持，以及关注经济条件较差的学生，确保他们能够平等地获得数字教育资源和机会。只有通过共同努力，才能缩小数字鸿沟，实现数字化教育的普惠性和公平性。

## 二、教师角色和专业发展

教师在教育变革中扮演着关键的角色。然而，教育变革要求教师具备全新的教学理念、技能和知识。教师需要适应新的教学模式，如个性化学习、合作学习和项目驱动学习，并善于运用技术工具和数字资源进行教学。因此，支持教师的专业发展和提供适当的培训和支持，以适应教育变革的要求，是一个重要的挑战。

首先，教师需要适应个性化学习的模式。个性化学习强调根据学生的个体差异和学习需求，提供定制化的学习路径和资源。教师需要了解每个学生的学习风格、兴趣和能力，为他们设计适合的学习活动和任务。这需要教师具备观察、评估和反馈的能力，以个性化的方式指导学生的学习。

其次，合作学习是另一个重要的教学模式。在合作学习中，学生通过与同伴合作，共同解决问题、讨论观点和分享知识。教师需要引导学生学会合作、协调和沟通，在小组活动中发挥积极的作用。同时，教师也要充当合作学习的组织者和监督者，确保学生能够有效地合作并实现共同目标。

此外，项目驱动学习也越来越受到重视。项目驱动学习强调学生通过解决实际问题和完成真实项目来学习和应用知识。教师需要设计和组织具有挑战性的项目，引导学生进行研究、合作和创新。教师在项目中扮演着指导者和导师的角色，提供必要的支持和反馈，帮助学生完成项目并获得深入的学习体验。

教师还需要善于运用技术工具和数字资源进行教学。数字化教育提供了丰富的教学资源和工具，但教师需要了解如何有效地利用这些资源，创造富有互动性和创新性的学习环境。教师需要掌握数字工具和平台的使用技巧，能够利用多媒体教学资料、在线学习平台和协作工具等，丰富教学内容，激发学生的学习兴趣和参与度。

然而，教育变革所带来的新要求对教师提出了挑战。教师需要不断更新自己的教学理念和方法，并不断学习和发展自己的专业知识和技能。教师需要参加专业培训和学习机会，与同行交流经验，不断探索和尝试新的教学策略和工具。教育机构和政策制定者也需要提供支持，提供适当的培训和资源，帮助教师适应教育变革的需求。

另外，教育变革还需要改变教师的角色认知和教学文化。传统上，教师被视为知识的传授者和权威人物。然而，在教育变革中，教师需要转变为学生学习的引导者和合作伙伴。这需要教师放下权威身份，与学生建立平等的合作关系，鼓励学生的自主学习和探索。同时，教育机构和社会也需要认可和支持这种角色转变，提供相应的支持和鼓励。

教育变革对教师提出了新的要求和挑战。教师需要适应个性化学习、合作学习和项目驱动学习等新的教学模式，善于利用技术工具和数字资源进行教学。教育机构和政策制定者需要提供相应的支持和培训，帮助教师适应变革，并改变教师的角色认知和教学文化。只有这样，教育变革才能真正发挥作用，为学生提供更好的学习体验和发展机会。

### 三、评估和认可体系的改革

传统的评估和认可体系主要侧重于知识的记忆和标准化测试。然而，教育变革要求评估更加全面和综合，注重学生的核心素养和综合能力的培养。设计和实施新的评估方法和认可体系，能够准确反映学生的学习成果和能力发展，是一个具有挑战性的任务。

首先，一种新的评估方法是基于学生的综合项目和任务的评估。通过给学生提供具有现实意义的项目和任务，鼓励他们运用所学知识和技能解决实际问题，评估他们在创新思维、解决问题、沟通能力、合作能力等方面的表现。这种评估方法能够更好地反映学生在实际情境中的能力，并培养他们的综合素养。

其次，另一种评估方法是基于学生的表现和成长的评估。传统的评估方法往往只关注学生的终极成绩，忽视了学生在学习过程中的进步和成长。新的评估方法注重对学生学习过程的观察和记录，包括学习日志、学习展示、口头报告等形式。这样的评估方法能够更全面地了解学生的学习态度、学习方法和自主学习能力，促进他们的个性化发展。

此外，新的评估方法还可以结合技术的应用，利用在线学习平台和学习管理系统进行自动化评估和数据分析。通过收集学生在在线学习平台上的学习数据和行为记录，可以更加客观和及时地评估学生的学习进展，并为教师提供有针对性的指导。

然而，设计和实施新的评估方法和认可体系也存在一些挑战。其中之一是评估的客观性和可靠性。新的评估方法往往更加主观和综合，需要教师进行观察和判断，可能存在评估标准的主观性和一致性问题。因此，需要制定清晰的评估标准和指标，确保评估的客观性和可靠性。

另一个挑战是评估和认可体系的统一和一致性。在教育变革中，不同学校和地区可能采用不同的评估方法和认可标准，这可能导致评估结果的不一致性和可比性问题。为解决这个挑战，需要建立统一的评估框架和认可体系，确保评估的公正性和可比性。教育机构和政策制定者可以合作制定共同的评估准则和标准，确保不同学校和地区在评估方面具有一致性。

另外，培养教师和评估专家的能力也是关键。教师需要接受相关培训，掌握新的评估方法和技能，能够准确评估学生的核心素养和综合能力。评估专家需要具备专业的背景知识和评估技能，能够设计有效的评估工具和方法，并对评估结果进行准确和可靠的解读。

最后，还需要加强与学生和家长的沟通与合作。评估不应该仅仅是对学生的单向评判，而是应该与学生和家长共同参与和讨论，了解他们对评估的看法和意见。通过建立积极的反馈机制和互动平台，学生和家长可以了解评估的目的和意义，并参与到评估过程中，共同促进学生的发展和成长。

设计和实施新的评估方法和认可体系是教育变革中的一个关键挑战。通过建立统一的评估框架、培养教师和评估专家的能力，以及加强与学生和家长的沟通与合作，可以克服这些挑战，实现更全面、准确和有意义的评估，推动学生的综合素养和个性化发展。

## 四、教育不平等和包容性

教育变革需要致力于消除教育不平等和提高包容性。不同地区、社会经济背景和文化背景的学生应该能够平等获得高质量的教育资源和机会。确保教育系统的包容性，关注弱势群体的需求和权益，是一个重要的挑战。

首先，一个关键的挑战是确保教育资源的公平分配。在某些地区，教育资源严重不足，学生面临着师资匮乏、教材落后、设施陈旧等问题，导致他们无法获得高质量的教育。而在其他地区，教育资源相对丰富，学生享受着先进的教学设施和优质的教育资源。解决这个挑战需要政府和教育机构的合作，通过公平的资源分配和投入，确保每个学生都能获得公正的教育机会。

其次，关注弱势群体的需求和权益也是教育变革中的一个重要任务。教育变革应该着眼于提供特殊支持和资源，确保部分学生能够获得平等的教育机会，并能够充分发展自己的潜力。

此外，另一个挑战是推动教育系统的包容性和多样性。教育变革应该关注学生的个体差异和多样性，尊重他们的文化、语言、信仰和背景。教育环境应该能够容纳不同学习风格、兴趣和能力的学生，为他们提供个性化的学习支持和机会。教师在教学中应该具备跨文化教育的能力，以确保每个学生都能感受到被尊重、被重视和被关爱。

消除教育不平等和提高包容性是教育变革中的重要挑战。通过公平分配教育资源、关注弱势群体的需求和权益，以及推动教育系统的包容性和多样性，我们可以打破教育的壁垒，为每个学生提供平等的机会和优质的教育。解决这些挑战需要各方的共同努力和合作。

## 五、教育政策和管理

教育变革需要有切实可行的教育政策和有效的管理机制来支持实施。教育政策需要与变革目标相一致，并提供足够的资源和支持。同时，教育管理需要灵活、透明和响应迅速，以适应不断变化的教育需求和挑战。

首先，教育政策需要明确变革的目标和愿景。这包括明确教育的核心素养和综合能力培养的重要性，以及建立灵活、包容和创新的教育体系的意义。政策应该为教师和学生提供明确的指导，鼓励和支持他们在教学和学习中采用新的教育方法和工具。

其次，政策制定者需要确保教育变革所需的资源和支持得到充分提供。这包括投入足够的资金，以支持教育设施的更新、教育技术的引入以及教师培训的开展。政策还应鼓励与行业、社区和其他利益相关者的合作，以共同承担教育变革的责任。

同时，教育管理机制需要具备灵活、透明和响应迅速的特点。教育管理机制应能够及时调整政策和策略，以应对变革过程中出现的问题和挑战。这包括建立有效的监测和评估体系，以评估变革的实施效果，并及时采取纠正措施。此外，管理机制还应注重教育参与者的参与和反馈，以确保各方的声音得到充分听取并加以考虑。

教育变革需要有切实可行的教育政策和有效的管理机制的支持。政策应明确变革的目标和愿景，提供资源和支持。教育管理机制应灵活、透明和响应迅速，以确保变革的顺利实施并取得实际效果。只有通过合理的政策和有效的管理，教育变革才能真正实现其目标，并为学生提供优质的教育。

## 六、社会认知和接受度

教育变革需要得到社会各界的认知和接受度。改变传统的教育模式和引入新的教学方法可能会面临抵制和阻力。因此，建立广泛的教育变革共识，包括教育工作者、家长、学生和社会各界的参与和支持，是一个重要的挑战。

首先，教育工作者是教育变革的重要参与者和推动者。他们在教学实践中直接面对学生，对教育变革的态度和行为起着关键作用。因此，教育工作者需要理解教育变革的意义和价值，接受新的教学理念和方法，并愿意积极参与变革过程。为此，提供相关的专业培训和支持，促进教育工作者的专业发展和更新观念至关重要。

其次，家长和学生的认知和支持对于教育变革至关重要。家长是学生教育的直接关注者和参与者，他们对于教育的期望和要求会影响教育变革的实施。因此，教育机构和政策制定者需要积极与家长沟通，解释教育变革的目标和效益，回答他们的疑虑和担忧，争取他们的理解和支持。同时，学生也应被赋予更多参与和决策的机会，以激发他们对教育变革的兴趣和积极性。

此外，社会各界的认知和接受度也是教育变革的重要因素。教育变革不仅仅是学校内部的事务，它涉及整个社会的教育体系和发展方向。因此，教育变革需要获得政府、教育机构、学术界、企业界和社会组织等各界的广泛支持和参与。相关的宣传和沟通工作应该展开，向社会各界传达教育变革的目的、意义和益处，引导公众的认知和态度转变。

建立广泛的教育变革共识，包括教育工作者、家长、学生和社会各界的参与和支持，是教育变革面临的重要挑战。通过培养人们对教育变革的认知和理解，解释变革的意义和价值，积极参与各方的合作与对话，可以打破固有的观念和抵制，促进教育变革的顺利实施。

## 七、持续的专业发展和研究

教育变革是一个持续不断的过程。教育者需要不断更新自己的知识和技能，关注最新的教育研究和最佳实践，以不断改进教学和学习体验。建立支持教育研究和持续专业发展的机制，是教育变革中的重要挑战。

为了支持教育者的持续专业发展，建立相应的机制非常重要。以下是几个关键的方面：

首先，提供专业培训和学习机会。教育机构和教育管理部门可以组织各类专业培训和学习活动，包括研讨会、研修班、工作坊等，以帮助教育者更新知识和技能。这些培训活动可以涵盖教育变革的相关主题，如创新教学方法、数字化教育工具的应用、评估策略等。

其次，支持教育研究和实践研究。教育者可以参与教育研究项目，探索教育变革的最新趋势和影响，从实践中提炼出有效的教学策略和方法。同时，教育机构和政府部门也应该鼓励和支持教育研究，提供相应的资源和资金。

第三，创建合作和共享平台。教育者可以通过合作和共享平台与其他教育同行进行交流和合作，分享经验和教学资源。这样的平台可以是在线社区、教师专业发展组织、教育研究机构等，通过互相学习和合作，促进教育者的专业成长。

最后，建立反馈和评估机制。教育者需要获得对其教学和专业发展的反馈和评估。教育机构可以实施教师评估机制，包括同行评议、学生评价、教学观摩等，帮助教育者了解自己的优势和改进的方向，以不断提升教学质量。

通过建立支持教育研究和持续专业发展的机制，教育者能够不断更新自己的知识和技能，适应教育变革的需求。这将有助于提供更高质量的教育，培养具有综合素养和适应力的学生，推动教育变革的成功与教育者的持续专业发展密不可分。

　　面对这些关键挑战，教育机构、政府和利益相关方需要密切合作，制定明确的目标和策略，投入足够的资源和支持，持续推动教育变革的进程。只有通过共同努力，才能实现教育体系的转型和学生的全面发展。

# 第三节　网络社会文化对教育的启示

网络社会文化对教育带来了许多启示和影响。随着数字技术和互联网的快速发展，网络社会文化已经深刻改变了人们获取信息、交流和互动的方式。在这个数字化时代，教育也必须适应和利用网络社会文化的变革，以更好地满足学生的需求和培养他们的综合能力。在这里，我们将探讨网络社会文化对教育的启示和意义。

网络社会文化对教育的启示是多方面的，它们涉及到教学方法、学习环境和学生发展等方面。以下是网络社会文化对教育的重要启示：

## 一、个性化学习

在网络社会文化中，学生可以根据自己的兴趣和学习需求，自主选择学习的内容和方式。网络提供了丰富的学习资源，学生可以通过搜索引擎、在线课程、教育网站等获取各种知识和学习材料。他们可以自主安排学习时间和地点，根据自己的学习节奏进行学习。这种自主学习的机会激发了学生的学习兴趣和主动性，培养了他们的自我管理和自主学习能力。

教育可以利用在线教育平台和学习管理系统，为学生提供个性化学习的支持。通过数据分析和学习管理系统的功能，教育者可以了解学生的学习进展和需求，根据学生的学习情况提供有针对性的教学资源和指导。这种个性化学习的模式可以帮助学生更好地发挥自己的优势，培养其自主学习的能力。

此外，网络社会文化也提供了协作和合作学习的机会。学生可以通过在线协作平台和社交媒体与同伴进行交流和合作，共同解决问题和完成任务。这种协作学习的模式培养了学生的团队合作和沟通能力，帮助他们学会与他人合作、分享资源和知识。

然而，尽管网络社会文化为学生提供了更多的自主学习机会，但也面临一些挑战。其中一个挑战是信息的真实性和可靠性。网络上存在大量的信息，学生需要学会辨别信息的可信度，培养批判性思维和信息素养。

另一个挑战是技术的使用和数字鸿沟。尽管网络技术的普及，但仍然存在一部分学生无法充分利用网络学习资源的问题。教育需要致力于解决数字鸿沟，提供平等的学习机会。

网络社会文化赋予学生更多的自主学习的机会。通过网络，学生可以根据自己的兴趣、学习节奏和学习风格选择学习内容和学习方式。教育可以利用在线教育平台和学习管理系统，为学生提供个性化学习路径和资源，满足他们的学习需求和提升潜力。

## 二、跨文化交流与合作

网络社会文化打破了地域限制，使得学生能够与来自世界各地的学生进行交流和合作。学生可以通过在线协作工具、社交媒体和国际教育项目与不同文化背景的学生互动，分享观点、解决问题和合作完成任务。这促进了跨文化交流与合作的能力培养，增加了学生的全球意识和文化包容性。

首先，通过在线协作工具和社交媒体，学生可以与不同文化背景的学生进行实时互动和交流。他们可以共同讨论问题、分享观点和经验，从多个文化的视角获得不同的思维方式和观点。这种跨文化的交流能够拓宽学生的视野，增加他们对世界多样性的理解和尊重。

其次，网络社会文化也提供了参与国际教育项目的机会。学生可以通过在线平台参与全球性的教育项目，与来自不同国家和文化背景的学生共同合作解决问题或开展研究。这种跨国合作的经验不仅培养了学生的团队合作和协调能力，还促进了跨文化沟通和理解的能力。

通过与其他文化的学生交流和合作，学生能够培养出更广泛的视野和全球意识。他们学会尊重和欣赏其他文化的差异，同时也能更好地理解和表达自己的观点。这种跨文化的交流经验在全球化时代具有重要的意义，为学生的未来发展提供了宝贵的资源。

此外，网络社会文化还鼓励学生在多元文化环境中展示自己的特长和才能。学生可以通过网络平台分享自己的创意、作品和项目，与其他学生共同探索和创新。这种开放性的学习环境为学生提供了展示自己的平台，促进了个人发展和自信心的建立。

网络社会文化提供了丰富多样的学习资源，如在线课程、开放式教育资源、教学视频等。学生可以通过互联网随时随地访问这些资源，扩大了他们的学习范围和机会。教育可以利用这些资源来丰富课堂教学内容，激发学生的学习兴趣和创造力。

## 四、创新思维与问题解决能力

网络社会文化的崛起强调了创新和解决问题的能力，对教育提出了重要的启示。学生在网络社会中面临着信息爆炸和快速变化的挑战，需要具备创新思维和解决问题的能力来适应和应对这些挑战。

首先，创新思维是网络社会文化中的关键能力。学生需要具备开放、灵活和创造性的思维方式，能够从不同的角度看待问题，提出新的观点和解决方案。创新思维强调对传统思维模式的超越，鼓励学生勇于尝试和冒险，发现新的学习和解决问题的路径。

其次，解决问题的能力是网络社会文化中的另一个重要方面。学生需要具备批判思维和分析能力，能够辨别和评估信息的可靠性和有效性，从中提取有用的信息并应用于实际问题的解决。同时，学生还需要培养自主学习和自我管理的能力，能够主动寻找问题解决的途径，并灵活运用各种工具和资源。

合作解决问题是网络社会文化中的重要特点。学生需要具备团队合作和协作能力，能够与他人分享观点、交流想法，并协同努力解决复杂的问题。网络社会为学生提供了与其他学生、教师和专家进行远程协作的机会，他们可以通过在线协作工具共同制定解决方案，共享资源和知识，共同完成任务和项目。

## 五、媒体素养和信息批判能力

网络社会文化需要学生具备媒体素养和信息批判能力，以应对信息爆炸和媒体影响。学生需要学会评估和选择信息来源，辨别真实和虚假信息，以及理解媒体的影响和效果。教育应该培养学生的媒体素养，教导他们有效利用媒体资源，并培养对信息的批判能力，使他们能够成为批判性思考者和负责任的信息使用者。

首先，媒体素养是学生在网络社会中必备的能力之一。它涵盖了对各种媒体形式和平台的理解和运用，包括文字、图像、音频和视频等。学生需要学会有效地利用媒体资源，获取和传播信息。媒体素养还包括对媒体内容的解读和分析，以及对媒体制作和传播过程的理解。

其次，信息批判能力是学生在网络社会中必须具备的能力。学生需要学会评估和选择信息来源的可靠性和权威性。他们需要了解信息的背景和来源，辨别真实和虚假信息，避免受到误导或错误信息的影响。信息批判能力还包括对信息的分析和解读，以及对信息的合理使用和传播。

在网络社会文化中，媒体素养和信息批判能力变得至关重要。学生面临着大量的信息来源和媒体影响，需要具备评估和选择信息的能力，以及辨别真实和虚假信息的能力。此外，他们还需要理解媒体的影响和效果，以避免被误导或受到不良影响。

## 六、跨学科综合能力

网络社会文化的多样性和复杂性要求学生具备跨学科综合能力。学生需要能够整合不同学科的知识和技能，解决现实世界中的复杂问题。教育应该鼓励学生跨学科学习和思考，培养他们的系统思维、批判思维和创造性思维，使他们能够应对现实生活中的挑战。

首先，系统思维是跨学科综合能力的基石。学生需要能够看到事物之间的关系、相互影响以及整体的结构和功能。系统思维能够帮助学生从整体的角度思考问题，理解各个要素之间的相互作用，并预测其可能的结果。通过系统思维，学生可以综合运用不同学科的知识和概念，提供综合性的解决方案。

其次，批判思维是跨学科综合能力的关键要素。学生需要具备批判性思考和分析的能力，能够评估不同学科中的理论、观点和证据。他们需要学会提出有力的论据和证据，辨别信息的可靠性和有效性，并针对问题提出合理的解决方案。批判思维可以帮助学生辨别各种观点和方法的优缺点，从而选择最佳的解决途径。

此外，创造性思维也是跨学科综合能力的重要组成部分。学生需要具备开放、灵活和创新的思维方式，能够从不同学科的角度提出新的观点、解决方案和创意。创造性思维鼓励学生在解决问题时寻找非传统的思路和方法，提供独特和创新的解决方案。

网络社会文化的多样性和复杂性确实要求学生具备跨学科综合能力。学生需要能够整合不同学科的知识和技能，以应对现实世界中的复杂问题。跨学科综合能力涉及到系统思维、批判思维和创造性思维等方面，它能够帮助学生深入理解问题、提供多元化的解决方案并促进创新。

## 七、持续学习和自主学习能力

在网络社会文化中，学习的连续性和自主性变得至关重要。学生需要具备持续学习和自主学习的能力，以适应快速变化的社会和技术环境。教育应该培养学生的学习动力、学习策略和学习习惯，使他们能够成为终身学习者，不断提升自己的知识和技能。

首先，学习动力是学生持续学习的关键。教育应该激发学生的学习兴趣和动机，培养他们的自主学习意识和积极参与学习的态度。学习动力可以通过提供有趣和有挑战性的学习任务，鼓励学生追求个人兴趣和目标，以及提供及时的反馈和认可来培养。

其次，学习策略是学生自主学习的基础。学生需要学会制定学习目标、制定学习计划和选择合适的学习资源和工具。教育应该教授学生各种学习策略，包括积极的学习方法、记忆和理解技巧、问题解决和批判思考技能等。学生通过学习策略的灵活运用，可以更有效地获取和整合知识。

此外，学习习惯是学生持续学习的重要因素。教育应该培养学生良好的学习习惯，如时间管理、自我组织、坚持不懈等。学生需要养成定期学习、反思和复习的习惯，以及主动寻求学习的机会和挑战。良好的学习习惯可以帮助学生建立自信和自律，提高学习效果和成果。

网络社会文化对教育提供了许多有益的启示。教育应该积极融入网络社会文化，利用其丰富资源和多样化的学习机会，培养学生的个性化学习、跨文化交流、创新思维、媒体素养、综合能力、自主学习能力等核心素养，以促进学生全面发展和适应未来的挑战。

# 第二章　数字文化与学习环境

数字文化在当代学习环境中扮演着越来越重要的角色。随着技术的迅速发展和普及，数字化的学习资源和工具成为学生获取知识和进行学习的重要途径。数字文化为学习者提供了广泛的学习机会和资源，同时也塑造了学习环境的特点和方式。在这个数字时代，我们必须认识到数字文化对学习环境产生的深远影响，以便更好地利用和适应这种新的学习环境。

## 第一节　数字技术在学习环境中的作用

随着科技的飞速发展和普及，数字技术为学生提供了丰富多样的学习机会和工具，改变了传统的学习方式和教育模式。数字技术的应用不仅提供了更灵活和个性化的学习体验，还促进了跨越时空限制的协作和交流。数字技术的引入使得学习变得更加互动、便捷和丰富，为学生的学习效果和成果带来了巨大的提升。

数字技术在学习环境中发挥着多重作用，对学生的学习过程和学习成果产生了积极的影响。以下是数字技术在学习环境中的关键作用：

# 一、个性化学习

数字技术为学生提供了个性化学习的机会。学生可以根据自己的学习需求和兴趣选择学习内容和学习路径，通过在线学习平台和自适应学习系统获取适合自己的教育资源。个性化学习可以提高学生的学习动机和参与度，使他们能够在自己的学习节奏下充分发挥潜力。

首先，自主选择学习内容。学生可以利用在线学习平台和资源库，根据自己的兴趣和需求选择学习内容。他们可以自由浏览各种主题和学科，选择适合自己的课程、教材和资源，从而更加主动地参与学习。

其次，个性化学习路径。通过自适应学习系统，学生可以根据自己的学习进度和能力水平，选择适合自己的学习路径。系统会根据学生的反馈和表现，调整学习内容和难度，以满足他们的学习需求。这种个性化的学习路径可以帮助学生更有效地掌握知识和技能，提高学习效果。

第三，强化学习反馈。数字技术可以提供实时的学习反馈，帮助学生了解自己的学习进展和弱点。学生可以通过在线作业、测验和评估工具获得及时的评价和反馈，从而及时调整学习策略和提升学习效果。

此外，多样化学习资源。数字技术使学习资源变得更加多样化和丰富。学生可以通过在线视频、互动模拟、虚拟实验等多种形式的学习资源，深入理解学习内容，增强对知识的掌握和应用能力。

最后，学习时间和空间的灵活性。数字技术使学习不再受时间和地点的限制。学生可以随时随地进行学习，利用碎片化的时间段进行学习活动。这种灵活性使学生能够更好地平衡学习与其他活动的时间安排，提高学习效率。

个性化学习通过数字技术的支持，能够满足学生个体的差异化需求，激发他们的学习兴趣和动机，提高学习效果和成果。然而，教育者和决策者需要关注个性化学习的平衡性，确保学生在自主选择的同时，仍能获得全面的教育内容和必要的基础知识。同时，也需要解决数字鸿沟问题，确保所有学生能够平等获得数字技术的机遇。

## 二、资源丰富性

数字技术使学习资源变得更加丰富和便捷。学生可以通过互联网获取到丰富的在线教材、教学视频、模拟实验等学习资源。这些资源不仅提供了多样化的学习内容，还可以随时随地地获取，满足学生在不同时间和地点的学习需求。

首先，学生可以通过在线平台访问各种教科书、参考资料、学术论文等学习资源。与传统纸质教材相比，数字化的教材具有更高的实时性、交互性和可更新性。学生可以根据自己的学习需求选择适合的教材，并随时进行在线阅读和学习。

其次，数字技术使得教学视频和演示资源广泛可得。学生可以通过在线视频平台观看教学视频、实验演示、讲座录像等内容，通过视听的方式深入理解学习内容。这些视频资源通常具有多样化的呈现形式，如动画、图表、实物展示等，帮助学生更好地理解抽象概念和复杂过程。

此外，数字技术提供了模拟实验和虚拟实境的学习体验。学生可以通过在线实验平台进行模拟实验，观察和操作虚拟实验器材，模拟真实实验环境，实践科学和工程的实验方法。这种虚拟实验能够增加学生的实践经验，培养他们的实验设计和数据分析能力。

同时，数字技术推动了开放教育资源的发展。学生可以免费获取到大量的开放教育资源，如开放式在线课程（MOOCs）、开放教材、教学资源库等。这些资源由全球知名大学和教育机构提供，内容丰富，覆盖广泛，为学生提供了广阔的学习机会。

另外，数字技术还促进了学生之间的社交学习。学生可以通过在线社交学习平台与同学、教师和其他学习者交流和合作。他们可以共享学习心得、讨论问题、互相解答疑惑，促进彼此的学习成长。这种社交学习的平台有助于学生建立学习网络和学习社群，拓宽学习的视野。

数字技术的发展为学生提供了丰富多样的学习资源，极大地拓宽了他们获取知识和信息的渠道。使学生能够以多种形式、多样化的方式获取知识和信息。

## 三、互动与合作

数字技术促进了学生之间的互动和合作。学生可以通过在线协作平台、讨论论坛和虚拟实境等工具与同伴进行交流和合作。这种互动和合作不仅促进了知识的共享和交流，还培养了学生的合作精神、团队意识和沟通能力。

首先，在线协作平台。学生可以利用在线协作平台与同伴一起完成项目、讨论问题和解决挑战。这些平台提供了共享文档、实时编辑、在线讨论等功能，使学生能够实时交流和合作。学生可以共同制定计划、分工合作、交流反馈，并共同努力解决问题和完成任务。

其次，讨论论坛和社交媒体。数字技术为学生提供了参与讨论论坛和社交媒体的机会。学生可以通过在线平台发表观点、提出问题，并与其他学生进行互动和交流。这种虚拟的交流环境能够促进学生的思辨能力、批判思维和表达能力，拓宽他们的视野，从不同角度思考问题。

第三，虚拟实境和游戏化学习。数字技术的发展使得虚拟实境和游戏化学习成为可能。学生可以通过虚拟实景与其他学生一起探索和解决问题，通过游戏化的学习活动与其他学生竞争和合作。这种沉浸式的学习环境激发了学生的参与度和动力，培养了他们的合作精神和团队合作能力。

此外，跨文化交流与合作。数字技术打破了地域限制，使得学生能够与来自世界各地的学生进行交流和合作。学生可以通过在线平台与不同文化背景的学生互动，分享观点、解决问题和合作完成任务。这样的跨文化交流与合作培养了学生的全球意识和文化包容性，提高了他们在跨文化环境中的合作能力。

通过数字技术所提供的互动和合作平台，学生可以相互学习、分享经验和资源，共同探索问题并寻找解决方案。这种学生之间的互动和合作不仅丰富了学习过程，还培养了学生的社交技能、沟通能力和团队合作精神，为他们今后的个人和职业发展奠定坚实的基础。

## 四、创新和创造性思维

数字技术为学生提供了创新和创造性思维的平台。学生可以通过数字工具和软件进行编程、设计和制作，创造出自己的作品和项目。数字技术激发了学生的创造力和想象力，培养了他们解决问题、创新和表达的能力。

第一，编程和计算思维。数字技术使学生能够学习和应用编程技能。通过编程，学生可以设计和创建各种应用程序、网站和游戏，展现他们的创意和想象力。编程培养了学生的逻辑思维、问题解决能力和创新思维，使他们能够通过代码实现自己的创意和创造。

第二，设计和制作。数字技术为学生提供了各种设计和制作工具，如图形设计软件、三维建模工具和音频视频编辑器。学生可以利用这些工具进行创意设计、艺术创作和媒体制作，表达自己的观点和创造力。设计和制作过程中，学生需要运用创新思维、问题解决能力和审美意识，不断探索和尝试新的方式和方法。

第三，创客和创业教育。数字技术的发展催生了创客和创业文化。学生可以利用数字技术工具和资源，参与创客活动和项目，实践创业思维和实际操作。创客和创业教育鼓励学生从零开始构建、设计和创造，培养他们的创新精神、团队合作和市场意识。

第四，数字内容创作和分享。数字技术使学生能够轻松创建、编辑和分享各种数字内容，如博客、视频、音乐和插图。学生可以利用这些工具表达自己的创意和想法，与他人分享自己的成果。通过数字内容创作和分享，学生培养了创新思维、批判思维和表达能力，激发了他们的自信心和创造力。

通过数字技术的应用和工具，学生可以参与到创新和创造的过程中，从中获得自主学习、问题解决和团队合作的经验。数字技术不仅为学生提供了展示自己才华和创意的平台，还培养了他们的创新思维、创造力和适应未来发展的能力。这样的学习环境激发了学生的积极性和主动性，帮助他们成为具有创新精神和创造力的未来人才。

## 五、及时反馈和评估

数字技术使教师能够提供及时的反馈和评估。通过在线学习平台和自动化评分系统，教师可以实时监控学生的学习进展，并提供个性化的反馈和指导。这有助于学生及时调整学习策略，提高学习效果。

首先，实时监测学生学习进展。通过在线学习平台和学习管理系统，教师可以实时监测学生的学习进展。他们可以查看学生的在线作业、测验和项目，了解学生的学习情况和困难。教师可以迅速发现学生的学习差距和问题，并及时采取措施进行干预和支持。

其次，个性化反馈和指导。数字技术使教师能够根据学生的表现提供个性化的反馈和指导。自动化评分系统可以对学生的作业和测验进行评估，并生成详细的反馈报告。教师可以根据这些报告为学生提供针对性的建议和指导，帮助他们改进学习策略和提高学习成果。

此外，数据分析和个体化学习。数字技术使教师能够进行数据分析，深入了解学生的学习表现和特点。教师可以分析学生的学习数据，发现学生的弱点和需求，并制定相应的个体化学习计划。通过针对性的指导和支持，教师可以帮助学生克服障碍，提高学习效果。

最后，学习反思和自我评估。数字技术还可以促进学生的学习反思和自我评估。学生可以利用在线工具和平台记录自己的学习过程和成果，并进行自我评估。这种反思和评估的过程使学生能够更好地了解自己的学习需求和进展，并自主调整学习策略。

通过数字技术提供的及时反馈和个性化指导，教师能够更好地了解学生的学习情况，帮助他们解决问题、弥补知识差距，并提供个性化的学习支持。这种个性化的反馈和评估有助于激发学生的学习动力、提高自信心，并提升他们的学习效果和学习成就。同时，教师也能够更有效地管理和组织教学过程，实现教学的个性化和优化。

数字技术在学习环境中的作用是多方面的，它不仅改变了学习方式和教育模式，也为学生提供了更加灵活、个性化和丰富的学习体验，提升了学生的学习动机和学习成果。通过数字技术，学生可以更加主动地参与学习过程，获得更广泛的知识和技能，培养更全面的能力。

此外，数字技术还为学习环境中的教师提供了许多便利和支持。教师可以利用数字技术进行教学资源的搜索、整理和分享，与学生进行在线交流和互动，提供个性化的教学指导和反馈。数字技术使教师能够更好地了解学生的学习需求和进展，进行有效的教学管理和干预，提高教学质量和效果。

因此，教育者和决策者应积极推动数字技术在学习环境中的应用，并采取措施解决数字鸿沟问题，确保所有学生能够平等获得数字技术的机会。同时，提供针对教师的专业发展培训和支持，使他们能够熟练运用数字技术，充分发挥其在教学中的作用。只有这样，数字技术才能真正发挥其在学习环境中的潜力，促进学生的全面发展和学习成果的提高。

# 第二节　移动学习与虚拟现实

移动学习和虚拟现实是数字技术在教育领域的两个重要应用。移动学习利用移动设备和无线网络，使学习变得便捷和灵活，可以随时随地进行学习。虚拟现实则通过模拟数字环境和交互体验，为学生创造沉浸式的学习环境。下面将详细探讨移动学习和虚拟现实在教育中的应用和影响。

## 一、移动学习在教育中的应用

移动学习是指利用移动设备（如智能手机、平板电脑）和无线网络技术进行学习的方式。它为学生提供了随时随地获取学习资源和参与学习活动的机会，打破了传统学习的时间和地域限制。

随着移动技术的迅速发展，移动学习在教育领域扮演着越来越重要的角色。移动学习是利用移动设备和无线网络技术进行学习的方式，为学生提供了随时随地获取学习资源和参与学习活动的机会。它的应用范围广泛，涵盖了各个学科和教育阶段。

### （一）学习资源的便捷获取

学生可以通过移动设备访问在线学习平台、教育应用和电子书等学习资源，获取丰富多样的教材、视频课程、练习题等内容。他们可以根据自己的学习需求和兴趣选择合适的资源进行学习，提高学习效率和自主性。

移动学习提供了多种形式的学习内容，包括教材、视频课程、练习题等。学生可以通过在线学习平台浏览和下载电子教材，免去了携带厚重纸质书籍的烦恼。同时，他们可以观看高质量的视频课程，通过视听的方式更加直观地理解知识点。此外，练习题和在线测验也提供了学生进行自我评估和巩固知识的机会。

个性化学习是移动学习的另一个重要特点。学生可以根据自己的学习进度和能力水平选择学习资源和学习路径。一些移动学习应用程序和平台具有自适应学习功能，能够根据学生的学习表现和反馈调整学习内容和难度，提供个性化的学习体验。这种个性化学习的方式有助于满足学生的学习需求和提升学习动机，使他们更加主动地参与学习过程。

此外，移动学习还促进了学生之间的互动和合作。通过移动设备，学生可以与同学和教师进行实时的交流和讨论。他们可以参与在线讨论、合作项目和团队任务，共同解决问题和分享观点。这种互动和合作的方式有助于培养学生的合作精神、团队意识和沟通能力，提高他们的学习效果和社交技能。

移动学习的应用为学生提供了便捷的学习途径和丰富多样的学习资源。学生可以通过移动设备自主选择学习内容、个性化学习和与他人互动合作，从而提高学习效果和培养终身学习的能力。移动学习的发展将持续推动教育的创新和变革，为学生带来更加灵活、个性化和富有互动性的学习体验。

## （二）个性化学习体验

移动学习可以根据学生的个体差异和学习特点提供个性化的学习体验。通过学习应用程序和自适应学习系统，学生可以根据自己的学习节奏、偏好和能力选择学习内容和学习路径，实现个性化的学习定制。

首先，自主选择学习内容。移动学习应用程序提供了丰富多样的学习资源，学生可以根据自己的学习需求和兴趣选择适合自己的学习内容。他们可以选择从基础知识到高级应用，从感兴趣的领域到专业领域的学习内容，满足个体的学习偏好和需求。

其次，个性化学习路径。自适应学习系统可以根据学生的学习表现和反馈，调整学习内容和难度，为每个学生提供个性化的学习路径。系统可以根据学生的学习进度和理解程度，推荐适合其水平的学习资料和活动，以便学生能够更好地掌握知识和技能。

第三，灵活学习时间和地点。移动学习使学生可以随时随地进行学习，无论是在学校、家中还是在其他地方。学生可以根据自己的时间安排和个人喜好，在自己感到最舒适和专注的环境中进行学习，提高学习效率和积极性。

此外，个体化学习支持。通过移动学习应用程序和系统，学生可以获得个体化的学习支持和反馈。一些应用程序提供了学习跟踪和学习分析功能，学生可以了解自己的学习进展和弱点，并根据反馈进行改进。此外，一些应用程序还提供学习辅导和在线教师支持，学生可以随时向教师咨询问题和寻求帮助。

最后，学习动力激发。移动学习应用程序通常设计有趣、互动和奖励机制，以激发学生的学习动力。学生可以通过完成任务、解锁成就和参与竞赛等方式获得积分和奖励，提高他们的学习参与度和动力。

### （三）互动与合作学习

移动学习提供了各种互动和合作学习的机会。学生可以通过在线讨论论坛、即时通信工具和协作平台与同伴、教师进行交流和合作。这种互动与合作学习能够促进学生之间的知识共享、问题解决和协同学习，培养学生的合作精神和团队合作能力。

首先，通过在线讨论论坛和即时通信工具，学生可以与同伴和教师进行实时交流和讨论。他们可以分享自己的观点、提出问题，与他人进行深入的讨论和思维碰撞。这种互动促进了学生之间的知识共享和经验交流，帮助他们从不同的视角理解和解决问题。

其次，移动学习还提供了协作平台，使学生能够参与到团队项目和合作任务中。学生可以通过在线协作工具共同制定计划、分工合作，共同解决复杂的问题和完成任务。这种协同学习培养了学生的合作精神、团队意识和沟通能力，提高了他们解决问题和达成共识的能力。

此外，移动学习还可以通过虚拟实境和增强现实技术提供沉浸式的学习体验，激发学生的兴趣和参与度。学生可以通过虚拟实境技术模拟真实场景，进行实际操作和实验，加深对知识的理解和应用。同时，增强现实技术可以将虚拟内容与真实环境相结合，提供更加丰富和互动的学习体验。

互动与合作学习的优势在于促进学生的批判思维、创造性思维和解决问题的能力。学生在与他人交流和合作的过程中，不仅可以学习他人的观点和经验，还可以学会尊重和接纳不同的意见。通过合作，他们能够发展出创新的解决方案，并在合作中培养出团队合作和领导能力。

移动学习提供了丰富的互动和合作学习机会，通过与同伴和教师的交流与合作，学生能够进行知识共享、问题解决和协同学习，培养了他们的合作精神和团队合作能力，提高了学习效果和综合能力的发展。

### （四）激发学习兴趣和动力

移动学习可以通过游戏化元素、奖励机制和学习挑战等方式激发学生的学习兴趣和动力。学生可以通过完成任务、赚取积分和获得成就等方式获得积极的反馈和奖励，增强他们的学习动机和参与度。

首先，游戏化元素可以将学习过程转化为有趣和具有挑战性的游戏形式。学生可以通过完成任务、解决问题和达成目标来推动游戏的进展。游戏化的学习环境能够激发学生的好奇心和竞争心理，使学习变得更加有趣和具有吸引力。学生在游戏化学习中可以体验到成就感和乐趣，从而增强他们的学习动力和投入度。

其次，奖励机制可以给予学生积极的反馈和奖励，鼓励他们的学习努力和进步。学生可以通过完成学习任务、达到学习目标或展示出优秀的表现来获得奖励，例如积分、勋章、徽章等。这种奖励机制激发了学生的竞争意识和自我激励，使他们更加积极主动地参与学习活动，并持续提高自己的学习成果。

此外，学习挑战是另一种激发学生学习兴趣和动力的方式。通过设定具有一定难度和挑战性的学习任务，学生被鼓励超越自我、克服困难和追求进步。学习挑战可以激发学生的探索欲望和求知欲，促使他们在学习过程中持续努力，不断突破自己的学习极限。

通过游戏化元素、奖励机制和学习挑战，移动学习能够改变传统学习的单调性，激发学生的学习兴趣和动力，增强他们的学习参与度和投入程度。这种学习方式不仅能够提高学生的学习效果，还培养了他们的自主学习能力、问题解决能力和团队合作能力。因此，将游戏化元素和奖励机制引入移动学习环境中是一种有效的教育手段，有助于激发学生的学习热情和积极性。

### （五）提高学习效果和学习成果展示

移动学习可以提供实时的学习反馈和评估，帮助学生及时调整学习策略和提高学习效果。同时，学生可以利用移动设备记录学习笔记、制作学习成果和展示作品，通过多媒体形式展示他们的学习成果，提升学习的质量和深度。

通过移动设备和学习应用程序，学生可以获得即时的学习反馈。例如，他们可以完成在线测验或练习题，并立即获得评分和解析，了解自己在学习过程中的理解和掌握情况。这种实时反馈可以帮助学生发现自己的学习差距，及时纠正错误，并调整学习计划和策略。同时，教师也可以通过学习管理系统或应用程序实时监控学生的学习进展，及时了解学生的学习情况并提供个性化的指导。

此外，移动学习还提供了学习过程的记录和展示的机会。学生可以利用移动设备记录学习笔记、拍摄照片、录制视频等方式，记录自己的学习过程和心得体会。他们还可以使用各种应用程序和工具制作学习成果，如演示文稿、数字作品、短视频等，以多媒体形式展示自己的学习成果。通过这种方式，学生可以深入思考和整理学习内容，提高学习的质量和深度，同时也可以与他人分享自己的学习成果，促进学习共享和交流。

移动学习提供了实时反馈和评估的机制，帮助学生及时了解自己的学习进展和成果，促进他们对学习的反思和调整。同时，学生可以通过移动设备记录和展示学习成果，提升学习的质量和深度。这种即时反馈和个性化记录的特点使学习更加灵活、个性化和高效，有助于学生在移动学习环境中实现更好的学习成果。

移动学习的应用为学生提供了更加便捷、灵活和个性化的学习体验，同时也改变了教学模式和学习方式。

## 二、虚拟现实在教育中的应用

虚拟现实（Virtual Reality，简称VR）在教育中的应用呈现出广阔的前景。它通过模拟数字环境和情境，使学生能够沉浸其中，与虚拟世界进行交互和体验，从而提供了一种全新的学习方式和学习体验。

### （一）虚拟实验室

虚拟现实技术可以模拟真实的实验环境，使学生能够进行各种实验操作和观察，而无需实际的物理实验室。这使得学生可以在虚拟环境中安全地进行实验，同时提供了更多的机会和资源，加强了学生对实验原理和概念的理解。

首先，安全性和可控性。通过虚拟现实技术，学生可以在虚拟实验室中进行各种实验操作和观察，而无需面对实际的物理实验室中可能存在的安全风险。这消除了学生在真实实验中可能面临的危险和风险，提供了更安全的学习环境。同时，虚拟实验可以根据学生的需要进行控制和调整，使学生能够多次重复实验或进行特定条件下的实验，加强对实验原理和概念的理解。

其次，实验资源的丰富性。虚拟实验室可以提供丰富多样的实验资源，包括不同学科领域的实验内容和模拟实验设备。学生可以在虚拟环境中模拟使用各种实验仪器和设备，进行实验操作和观察结果。这使得学生可以接触到更多的实验内容和实验技术，扩展了他们的实验知识和技能。

此外，互动和自主学习。虚拟实验室提供了学生与实验环境进行互动的机会。学生可以自主选择实验内容和实验顺序，根据自己的学习需求进行探索和实践。他们可以自由地进行实验操作、观察结果，并根据实验结果进行分析和总结。这种互动和自主学习的方式激发了学生的学习兴趣和参与度，促进了对实验原理和概念的深入理解。

最后。实验结果的可视化和记录。虚拟实验室可以通过虚拟现实技术将实验结果以可视化的形式呈现给学生。学生可以通过观察虚拟实验中的实验现象和数据，更清晰地理解实验原理和规律。同时，学生可以通过虚拟实验室记录实验过程和实验结果，制作实验报告和展示作品。这样的记录和展示有助于学生对实验过程的回顾和总结，进一步加深对实验原理和概念的理解和应用。

　　虚拟现实技术在模拟实验环境方面的应用不仅为学生提供了安全和可控的学习环境，还丰富了实验资源、激发了学生的学习兴趣和参与度。通过虚拟实验室，学生可以进行各种实验操作和观察，并根据实验结果进行分析和总结。

### （二）虚拟场景学习

　　通过虚拟现实技术，学生可以进入模拟的场景中，如历史事件、地理环境、文化场景等。他们可以在虚拟场景中探索、观察和参与，增加对知识的亲身体验和理解。例如，学生可以通过虚拟旅游体验世界各地的名胜古迹，或者通过虚拟历史重现了解历史事件的发生和影响。

　　首先，亲身体验和情景再现。通过虚拟现实技术，学生可以身临其境地进入模拟的场景中。他们可以通过虚拟旅游来探索世界各地的名胜古迹，感受不同的文化氛围和历史背景。同时，虚拟现实还可以通过历史重现来模拟历史事件的发生和影响，使学生有机会亲身参与其中，了解历史事件的背景、人物和决策过程。

　　其次，观察和参与。在虚拟场景中，学生可以观察和参与不同的活动和场景。他们可以自由移动、观察周围的细节，与虚拟环境中的人物和物体进行互动。例如，在虚拟地理环境中，学生可以探索地理特征、地形和气候，深入了解各个地区的特点。这种观察和参与的方式使学生能够获得更直观、实际的学习体验，提高对知识的理解和记忆。

　　第三，跨时空学习。虚拟现实技术可以将学生带入跨时空的学习场景。学生可以穿越时空，了解过去的历史事件，或者探索未来的科技发展。这种跨时空学习可以激发学生的想象力和探索精神，培养他们对历史和未来的兴趣，促进跨学科的学习和思考。

最后，个性化学习体验。虚拟现实技术还可以根据学生的兴趣和学习需求提供个性化的学习体验。学生可以根据自己的兴趣选择不同的虚拟场景进行学习，深入探索感兴趣的领域。同时，虚拟现实技术还可以根据学生的反馈和表现进行实时调整和反馈，提供个性化的指导和支持。

虚拟现实技术在模拟场景学习中为学生提供了丰富多样的学习体验。学生可以通过亲身体验和情景再现，增加对知识的亲身体验和理解。这种学习方式培养了学生的观察力、参与度和兴趣。

### （三）虚拟角色扮演

虚拟现实技术可以创建虚拟角色和情节，使学生能够扮演不同的角色并参与到故事情节中。这种角色扮演的方式可以帮助学生更好地理解和应用知识，提高解决问题和决策的能力。例如，在虚拟现实游戏中，学生可以扮演历史人物，亲身体验历史事件的决策过程和影响。

第一，情境理解和应用。通过扮演不同的角色并参与到故事情节中，学生可以更深入地理解和运用知识。他们可以亲身体验虚拟角色在特定情境下所面临的挑战和决策，通过思考和行动来解决问题。这种情境化的学习方式帮助学生将知识应用到实际场景中，培养解决问题和决策的能力。

第二，情感共鸣和身份认同。通过扮演虚拟角色，学生可以建立情感共鸣和身份认同。他们能够与角色的经历和情感进行连接，深入体验并理解角色的思维方式和情感体验。这种情感共鸣和身份认同有助于学生更全面地理解角色的动机、行为和决策，培养同理心和多元思维。

第三，反思和学习回顾。在虚拟角色扮演中，学生可以通过反思和学习回顾来深化对知识的理解和应用。他们可以回顾自己扮演角色的决策和行动，分析结果和后果，并从中得出经验教训。这种反思和学习回顾的过程促进了学生的自我反思和自我调整能力，提高学习效果和个人成长。

第四，团队合作和协作。虚拟角色扮演可以促进学生的团队合作和协作能力。在虚拟场景中，学生可以与其他角色扮演者进行互动和合作，共同解决问题和达成目标。这种团队合作和协作的经验有助于学生发展有效的沟通、协调和团队合作的技能，提升综合素养。

通过虚拟现实技术创建虚拟角色和情节，学生能够在模拟的情境中扮演不同角色，亲身体验并运用知识。这种角色扮演的学习方式激发了学生的情感共鸣和身份认同，促进了情境理解和应用，培养了解决问题、决策、团队合作和反思的能力。

## （四）虚拟培训和模拟

虚拟现实技术在职业培训和模拟训练中具有广泛的应用。通过虚拟现实，学生可以在模拟的工作环境中进行培训和实践，提高实际操作的技能和经验。例如，医学生可以通过虚拟现实进行手术模拟，航空学生可以在虚拟飞行模拟器中进行飞行训练。这种虚拟培训和模拟训练可以提供更真实、安全和可控的学习环境。

首先，真实模拟工作环境。通过虚拟现实技术，学生可以在模拟的工作环境中进行培训和实践。无论是医疗、航空、建筑、制造还是其他行业，虚拟现实技术能够模拟出真实的工作场景，让学生感受与实际工作环境相似的情境和操作要求。这使学生能够更好地适应真实工作环境，并在培训中获得更高的效果。

其次，安全和可控的学习环境。虚拟现实技术为学生提供了一个安全和可控的学习环境。在一些高风险职业领域，如医疗手术、航空飞行等，虚拟现实技术可以模拟各种复杂的情景和操作，并提供一个没有实际风险的环境，以减少事故和错误的发生。学生可以在虚拟环境中进行反复实践和训练，纠正错误和改善技能，提高工作准确性和效率。

第三，实时反馈和指导。虚拟现实技术可以提供实时反馈和指导。通过传感器和交互设备，系统可以对学生的操作进行监测和评估，并提供及时的反馈和指导。学生可以根据反馈进行调整和改进，逐步提高技能水平。这种实时反馈和指导有助于学生更好地理解和掌握操作要点，提高技术和工作的质量。

此外，成本和时间效益。虚拟现实技术在职业培训和模拟训练中具有成本和时间效益。相比于传统的实际操作训练，虚拟现实技术可以节省大量的物质资源和时间成本。学生不再需要真实的设备、工具和材料，也不需要前往实地进行实际操作。这使得培训更加灵活、可持续，并且可以随时随地进行。

最后，多样化的训练场景和情况。虚拟现实技术还可以提供多样化的训练场景和情况，以满足不同的培训需求。通过虚拟现实技术，可以创建各种场景和情境，模拟不同的工作场景和挑战。学生可以面对各种复杂情况，学习解决问题、决策和应对挑战的能力。这种多样化的训练场景有助于培养学生的综合素养和应变能力，使他们在实际工作中能够更好地应对各种情况。

虚拟现实技术在职业培训和模拟训练中的应用提供了真实且安全的学习环境，可以提高学生的实际操作技能和经验。通过模拟工作场景和情境，学生可以更好地适应真实工作环境，并获得实时反馈和指导。同时，虚拟现实技术还具有成本和时间效益，并能够提供多样化的训练场景和情况，以满足不同的培训需求。这些优势共同促进了职业培训的效果和质量，提高了学生在实际工作中的表现和应对能力。

虚拟现实技术在教育中的应用为学生提供了沉浸式、互动式和体验式的学习体验，激发了学生的兴趣和好奇心，提高了学习的效果和深度。这种创新的教育方式有助于培养学生的创造力、解决问题的能力和团队合作精神，为他们的未来发展奠定坚实的基础。

# 第三节　个性化学习与自主学习

　　个性化学习与自主学习是当今教育领域的重要关键词。随着教育理念的转变和数字技术的发展，教育者越来越意识到每个学生的学习需求和学习方式的多样性。个性化学习和自主学习强调将学习过程和学习内容与学生的个体差异相结合，提供更加灵活、个性化的学习体验。

　　个性化学习与自主学习是教育中重要的教学模式，旨在满足学生的个体差异和学习需求，促进他们的学习效果和自主能力的发展。这两种教学模式强调学生在学习过程中的主动性、自主性和个性化选择，使其能够更好地适应多样化的学习环境和要求。

　　个性化学习与自主学习的结合具有重要的意义。以下是对意义的详细论述：

## 一、满足学生的个体差异

　　每个学生都具有独特的学习需求、兴趣和学习风格。个性化学习与自主学习的结合可以根据学生的个体差异提供量身定制的学习体验，使每个学生都能在适合自己的学习节奏和方式中充分发展潜力。

　　个性化学习注重对学生的个体差异进行识别和理解，根据学生的学习风格、能力水平和兴趣爱好设计相应的学习计划和教学活动。通过灵活的教学策略和个别化的学习资源，个性化学习可以帮助学生发现自己的优势和弱点，充分发挥自身的潜力。

　　自主学习强调学生的主动性和自我管理能力。学生在自主学习过程中可以自主选择学习内容、探索学习资源、制定学习目标并监控学习进度。他们有更多的自主权和决策权，可以根据自己的学习需求和兴趣进行学习，培养自主思考、自主学习和自我调节的能力。

个性化学习与自主学习的结合能够最大程度地满足学生的学习需求和个性化要求。通过为学生提供多样化的学习选择和灵活的学习方式，学生能够更好地参与到学习过程中，充分发挥自身的潜力。他们能够根据自己的兴趣和目标选择学习内容，调整学习进度，找到最适合自己的学习策略，从而提高学习效果和成绩。

此外，个性化学习与自主学习的结合还有助于培养学生的自主性、创造性和批判性思维。学生在自主学习的过程中需要主动思考、分析问题、解决困难，培养了他们的创造性思维和解决问题的能力。他们也能够对学习过程进行批判性评估，不断调整学习策略和方法，提高学习效果。

## 二、激发学生的学习动机和兴趣

个性化学习注重学生的个人兴趣和需求，旨在提供与学生相关的学习内容和活动，以激发他们的学习动机和兴趣。通过了解每个学生的学习风格、能力水平和兴趣爱好，教师可以根据个体差异设计个性化的学习计划和教学策略。这样的定制化学习体验能够更好地满足学生的学习需求，使他们感到学习有意义、有趣和与自己的生活经验相关。

个性化学习的关键在于提供多样性的学习资源和活动，以满足学生的不同兴趣和学习偏好。学生可以选择自己感兴趣的主题进行深入学习，参与感强的项目和实践活动，从而增强他们的学习动机和参与度。个性化学习还可以通过不同的学习方式和教学方法，如小组合作、探究式学习和实践体验等，促进学生的主动学习和自主思考能力的培养。

自主学习强调学生的主动性和自我管理能力，鼓励学生在学习过程中承担更多的责任和决策权。学生在自主学习中可以自主选择学习内容、制定学习目标、安排学习时间，并采用适合自己的学习策略和方法。他们能够根据自己的学习进展和反馈进行调整和反思，以实现更高的学习效果。

个性化学习与自主学习的结合能够产生相互促进的效应。个性化学习提供了适应学生需求的学习资源和活动，为学生的自主学习提供了丰富的选择和支持。而自主学习则增强了学生的主动性和自我管理能力，使他们能够更好地利用个性化学习资源，实现更高效的学习成果。

通过个性化学习与自主学习的结合，学生能够发展出独立思考、自主学习和解决问题的能力，培养自信心和创新精神。他们将成为积极参与者和自我发展的主体，能够应对不断变化的社会和职业需求。同时，教师的角色也发生了转变，从传统的知识传授者转变为学习的引导者和支持者，为学生提供指导和支持，帮助他们制定学习目标、选择适合的学习资源和方法，并监控他们的学习进展。教师还可以通过个性化学习和自主学习的结合，为学生提供反馈和评估，帮助他们识别自身的优势和改进的方向。这样的教学方式能够建立良好的师生关系和学习合作，促进学生的自我发展和终身学习能力的培养。

### 三、培养学生的自主学习能力

自主学习是一种重要的学习方式，它培养学生在学习过程中独立思考、自我管理和调整学习策略的能力。通过个性化学习与自主学习的结合，学生可以逐渐培养和发展自主学习能力，使他们成为主动的学习者和自我发展的主体。

个性化学习为学生提供了与其兴趣、需求和学习特点相匹配的学习资源和活动，激发了他们的学习动机和兴趣。在这样的学习环境中，学生有更多的自主权，可以根据自己的学习目标和偏好选择学习内容，制定学习计划，安排学习时间，并选择适合自己的学习方式和策略。个性化学习的定制化特点使学生能够以更自主的方式参与学习，培养自我驱动和主动学习的能力。

通过个性化学习的实践，学生逐渐培养了自主学习所需的一系列能力。首先，他们学会了自我评估和反思，能够意识到自己的学习优势和不足，并根据反馈信息调整学习策略和方法。其次，他们学会了自我管理，能够有效地规划和管理学习时间，设定学习目标，并有条不紊地推进学习进程。此外，学生还能够培养自主思考和问题解决的能力，在学习过程中主动提出问题、寻找答案，并运用所学知识解决实际问题。

## 四、培养学生的问题解决和批判性思维能力

个性化学习与自主学习注重培养学生的批判性思维和问题解决能力。学生在个性化学习中面临各种学习挑战和问题，通过自主学习，他们需要运用批判性思维和创新能力来解决问题，培养分析、评估和判断的能力。

个性化学习通过满足学生的个体差异和学习需求，为学生提供了多样化的学习挑战和问题。学生在个性化学习中面临着不同难度和复杂度的任务，需要运用批判性思维进行分析、评估和判断。他们需要审视问题的多个方面，思考不同的解决方案，并挑选出最合适的策略。通过这个过程，学生逐渐培养了批判性思维的能力，能够对信息进行合理的评估和判断，提出合理的观点和论证，并做出明智的决策。

自主学习强调学生的主动性和自主性，要求学生在学习过程中独立思考和解决问题。在自主学习中，学生需要面对各种学习难题和挑战，他们需要主动寻找解决

问题的方法和策略，运用已有的知识和技能来解决实际问题。这种自主解决问题的过程促使学生运用批判性思维来分析问题的本质、找出关键因素，并提出创新的解决方案。

通过个性化学习与自主学习的结合，学生的批判性思维和问题解决能力得到了全面发展。他们不仅仅是被动地接受知识和信息，而是积极主动地思考、提出问题，并通过批判性思维来分析和解决问题。这种学习方式培养了学生的分析思维、判断力和创新能力，使他们能够应对复杂的学习和生活挑战。

此外，批判性思维和问题解决能力是现代社会和职场所需要的重要技能。在信息爆炸的时代，学生需要具备分析和评估信息的能力，以做出明智的决策和选择。同时，社会和职场上存在许多复杂的问题，需要人们能够独立思考、提出解决方案并进行有效的实施。通过个性化学习与自主学习的结合，学生在学校中就能够培养起这些关键的技能和能力，为未来的成功奠定坚实的基础。

## 五、适应快速变化的社会和技术环境

个性化学习与自主学习的结合能够培养学生的终身学习能力和自主学习能力，使他们能够不断适应快速变化的社会和技术环境。学生掌握了自主学习的方法和策略后，可以主动获取新知识、学习新技能，并灵活应用于实际情境中。

终身学习是一个重要的概念，意味着个体在整个生命周期中持续不断地学习和更新知识、技能和能力。在快速变化的现代社会中，静止不前的知识和技能很快会过时，而终身学习的重要性越来越凸显。个性化学习与自主学习的结合为学生提供了自主获取新知识和学习新技能的机会，培养了他们的学习动机和主动性。学生通过个性化学习了解自己的学习需求和兴趣，并能够主动选择适合自己的学习内容和方式。自主学习则赋予学生控制学习过程和资源的能力，使他们能够自主制定学习目标、管理学习时间、评估学习成果，并灵活应用所学知识和技能。

个性化学习与自主学习的结合培养了学生的学习能力，使他们具备主动学习的意识和能力。学生掌握了自主学习的方法和策略后，不仅可以在学校中有效学习，还能够在课外和工作中继续学习和成长。他们能够主动寻找学习资源和机会，利用现代技术和网络平台获取信息和知识，与他人合作学习，并应用所学知识解决实际问题。这种终身学习的能力使学生能够不断适应快速变化的社会和技术环境，具备持续学习和自我发展的能力。

此外，个性化学习与自主学习的结合还培养了学生的创新和问题解决能力。个性化学习通过激发学生的学习兴趣和动机，鼓励他们运用批判性思维和创新能力来解决问题。学生在自主学习中面对各种学习挑战和问题时，需要主动思考并尝试不同的解决方案。他们通过自主学习逐渐培养了创新思维和问题解决能力，能够灵活应用所学知识和技能，提出创新的解决方案，并在实际情境中解决问题。

个性化学习与自主学习的结合还培养了学生的自主性和自我管理能力。学生在个性化学习的环境中有更多的自主权，可以根据自己的学习需求和兴趣选择学习内容和学习方式。同时，自主学习赋予学生对学习过程的控制权，他们可以自主制定学习计划、管理学习时间，并评估自己的学习成果。这种自主性和自我管理能力使学生能够独立思考、自我调整和反馈，从而更加高效地学习和发展。

个性化学习与自主学习的结合不仅仅为学生提供了

学习技能和能力，还为他们的终身发展和职业成功奠定了基础。在现代社会中，知识和技能的更新速度非常快，个体需要具备持续学习和适应变化的能力。个性化学习与自主学习的结合培养了学生的终身学习能力，使他们能够主动获取新知识、学习新技能，并将其应用于实际情境中。这种能力使他们能够适应不断变化的社会和技术环境，并实现个人和职业的持续发展。

# 第三章　网络社交与学习网络

随着互联网的普及和社交媒体的兴起，网络社交已经成为人们日常生活中不可或缺的一部分。同时，教育领域也开始逐渐意识到网络社交对学习的潜在影响。网络社交与学习网络的结合为学生和教育者提供了新的学习和交流平台，促进了知识的共享、合作学习和跨文化交流。在这个数字时代，网络社交与学习网络正在改变教育的面貌，并为学生和教育者带来了许多机遇和挑战。

## 第一节　社交媒体在学习中的应用

社交媒体在当今数字时代的普及程度越来越高，它已经成为人们交流、分享和获取信息的主要渠道之一。然而，社交媒体不仅仅是社交和娱乐的工具，它也在教育领域发挥着越来越重要的作用。在学习中，社交媒体提供了一个创新的平台，学生可以通过它们与同伴、教师和专家进行互动和合作。社交媒体的应用正在改变传统学习方式，为学生带来更丰富的学习体验和更广阔的学习机会。在本节中，我们将探讨社交媒体在学习中的应用，以及它对学生学习成果和教育实践的影响。

社交媒体在学习中的应用是一种创新的教育模式，

它为学生提供了与同伴、教师和专家进行互动和合作的平台。以下是社交媒体在学习中的主要应用方面：

## 一、学习资源共享

社交媒体平台的学习资源共享功能为学生和教师提供了一个便捷的渠道，使他们能够分享和获取各种学习资源。这些资源包括教学视频、学习笔记、课件和参考资料等。通过社交媒体的分享功能，学生和教师可以将自己制作的学习材料上传到平台上，并与其他用户共享。这样，其他学生和教师就可以从中受益，并获取到来自不同背景和地域的丰富学习资源。

这种学习资源的共享对学生具有多重益处。首先，学生可以通过社交媒体平台获取到更多的学习资源，拓宽了他们的知识视野和学习来源。他们可以从其他同学或教师的学习笔记中获得新的观点和见解，从教学视频中学习到实际操作技巧，从课件和参考资料中获取到深入的学习内容。这种多样化的学习资源可以帮助学生更全面地理解和掌握知识。

其次，学生可以通过社交媒体平台与其他学生和教师互动和交流。他们可以在评论区或私信中就学习资源进行讨论，提出问题、寻求帮助或分享自己的看法。这种互动和交流促进了学生之间的合作学习和知识共享，激发了学习的活跃性和参与度。学生可以通过与他人的互动和交流，获得更多的学习思路和解决问题的方法。

此外，教师也可以通过社交媒体平台与学生分享学习资源，并进行课后的延伸教学。教师可以在平台上发布教学视频或课件，供学生在课后复习和巩固知识。他们还可以分享一些扩展阅读、实践活动或学习链接，帮助学生进一步拓展学习内容。这种学习资源的共享和延伸教学可以帮助学生更好地理解和应用所学知识，提高学习效果和学习成果。

然而，需要注意的是，社交媒体平台上的学习资源质量和可靠性各不相同。学生和教师在使用社交媒体平台的学习资源时应保持辨别力，筛选优质的内容，并确保所使用的资源来源可信。同时，教师在分享学习资源时应注重版权和知识产权问题，并尽可能提供准确和有用的学习资源。

## 二、学习讨论与协作

社交媒体提供了在线讨论论坛、群组和协作平台，学生可以在这些平台上与同伴一起讨论学习内容、解答问题、分享经验和互相支持。这种学习讨论与协作的方式鼓励学生参与到学习社区中，促进了知识共享、思想碰撞和团队合作，加深了对学习内容的理解和应用。

在社交媒体上的学习讨论可以激发学生的思辨能力和批判性思维。学生们可以通过提出问题、回答问题和解释观点的方式，进行深入的思考和分析。他们还可以互相提供反馈和建议，帮助彼此更好地理解和应用学习内容。这种交流和合作的过程不仅加深了对学习内容的理解，还培养了学生的表达能力、人际交往能力和团队合作能力。

此外，社交媒体还提供了学习资源的分享和推荐功能。学生可以通过社交媒体平台分享自己发现的优质学习资源，如文章、研究论文、网站链接等，帮助其他同学获取有价值的学习资料。这种资源的共享和推荐促进了学习社区的互助和协作，使学生能够共同成长和进步。

总之，社交媒体在学习中的应用为学生提供了一个开放、互动和合作的学习环境。通过参与在线讨论、分享资源和协作学习，学生能够加深对学习内容的理解和应用，培养批判性思维和团队合作能力，同时也拓宽了知识视野，增强了学习的乐趣和动力。

## 三、教师学生互动

社交媒体为教师和学生之间的互动提供了更加便捷的渠道。教师可以利用社交媒体平台发布课程公告和重要信息，确保学生及时获取课程更新和通知。这种即时性的沟通方式使得教师能够与学生保持紧密联系，及时回答学生的问题和解决疑惑，提供个性化的指导和支持。

同时，学生也可以通过社交媒体平台与教师进行互动和交流。他们可以在课程相关的群组或讨论区提问、分享观点和讨论问题，与教师进行实时的交流和互动。这种学生与教师之间的即时沟通，使得学生能够及时获取帮助和反馈，促进了问题解决和学习进程的顺利进行。

通过社交媒体，教师还可以提供个性化的教学支持和指导。他们可以根据学生的学习需求和进展，为学生提供个性化的学习资源、学习建议和反馈。这种个性化的教学方式可以更好地满足学生的学习需求，帮助他们克服困难，提高学习效果。

另外，社交媒体也为教师提供了一个展示和分享教学成果的平台。教师可以在社交媒体上分享自己的教学经验、教学资源和创新教学方法，与其他教师进行交流和合作。这种教师间的互相学习和分享，有助于教师提升教学质量，共同探索和践行教育的最佳实践。

社交媒体为教师和学生之间的沟通提供了便捷的途径。通过社交媒体平台，教师和学生可以进行即时的沟通和交流，促进师生之间的紧密联系和个性化教学。这种互动和联系有助于提高学习效果、满足学生的学习需求，并推动教育的创新和发展。

## 四、学习反馈和评估

社交媒体在学习中提供了实时的学习反馈和评估机

制，对学生的学习过程和学习成果进行监控和评估。学生可以通过社交媒体平台提交作业、参与测验和考试，教师可以及时查看和评估学生的学习表现。

这种实时的学习反馈和评估机制对学生的学习非常有益。首先，学生可以及时了解自己的学习进展和成绩，对自己的学习情况有清晰的了解。通过及时的反馈，学生可以了解自己的学习成果是否达到预期目标，是否需要进一步加强某些知识点或技能。

其次，教师可以根据学生的学习表现提供个性化的反馈和指导。通过社交媒体平台，教师可以直接针对学生的作业、测验或考试结果提供具体的建议和评价。这种个性化的反馈和指导帮助学生了解自己的学习优势和不足之处，并提供了改进的方向和方法。

此外，社交媒体还可以促进学生之间的互动和合作，在学习中提供同伴间的反馈和支持。学生可以分享自己的学习成果、观点和经验，与其他同学进行讨论和交流。这种学生之间的互动和合作不仅可以丰富学习过程，还可以通过相互的反馈和建议提高学习效果。

社交媒体为学生提供了实时的学习反馈和评估机制，帮助他们了解自己的学习进展和需要改进的方面。同时，教师可以通过社交媒体提供个性化的反馈和指导，促进学生的学习成长。这种学习反馈和评估的方式提高了学生的学习效果和成绩，并促进了学生与教师、学生与学生之间的互动和合作。

## 五、学习社区与专家联系

社交媒体使学生能够与具有专业知识和经验的专家进行联系。学生可以在社交媒体平台上关注专家、参与专家主持的学习活动和讨论，获取到来自行业和领域内的实际经验和见解。这种学习社区与专家的联系丰富了学生的学习资源和学习机会，提供了实践与理论相结合的学习体验。

首先，学习实际应用经验。专家具有丰富的实践经验和专业知识，他们能够分享自己在行业或领域中的实际经验。学生可以从专家那里获取实用的知识，了解行业的最新动态和趋势，并将其应用到自己的学习和职业发展中。

其次，获取专业见解和观点。专家在自己的领域中是权威人士，他们的意见和观点具有重要价值。通过社交媒体，学生可以参与专家主持的讨论，提出问题并获得专家的回答。这种直接与专家互动的机会可以帮助学生深入理解复杂的概念和问题，并从专家的观点中获得新的启发和思考。

此外，拓宽学习资源和机会。通过社交媒体，学生可以接触到来自全球各地的专家资源和学习机会。他们可以关注不同领域的专家，了解不同学科的前沿知识和发展趋势。这种广泛的学习资源和机会为学生提供了更多选择和可能性，丰富了他们的学习体验和学习内容。

社交媒体为学生提供了与具有专业知识和经验的专家进行联系的机会。学生通过社交媒体可以获得实际应用经验、专业见解和观点，并拓宽学习资源和机会。这种与专家的联系丰富了学生的学习体验，将理论与实践相结合，帮助学生更好地理解和应用所学知识。

## 六、自主学习和个性化学习

社交媒体为学生提供了自主学习和个性化学习的机会。学生可以根据自己的学习需求和兴趣，在社交媒体上自主选择学习内容、参与学习活动，并以个人化的方式组织学习进程。社交媒体平台上的学习资源丰富多样，学生可以根据自身喜好和学习目标定制学习计划，提高学习动机和学习效果。

首先，自主选择学习内容。社交媒体平台上存在大量的学习资源，涵盖各个学科和领域。学生可以根据自己的学习需求和兴趣，自主选择适合自己的学习内容。他们可以关注特定领域的专家、学术机构或教育组织，获取他们发布的相关学习资料、课程或活动信息。

其次，参与个性化学习活动。社交媒体平台上的学习活动往往具有一定的灵活性和个性化定制性。学生可以选择参与感兴趣的学习活动，如线上课程、学习挑战、学习小组等。通过这些个性化学习活动，学生可以按照自己的节奏和兴趣进行学习，提高学习效率和参与度。

此外，个人化学习计划和进程管理。在社交媒体平台上，学生可以根据自己的学习目标和时间安排，制订个人化的学习计划。他们可以将学习资源收集整理到自己的学习空间或书签中，以便随时查阅。同时，学生还可以利用社交媒体的提醒功能，设定学习提醒和进度追踪，帮助他们更好地管理学习进程。

最后，个性化学习反馈和评估。社交媒体平台通常提供学习反馈和评估的功能。学生可以通过在线测验、作业提交或讨论参与等方式获得个性化的学习反馈。这些反馈可以帮助学生了解自己的学习进展和弱点，并根据反馈结果调整学习策略和重点。

通过社交媒体进行自主学习和个性化学习，学生能够根据自己的需求和兴趣进行学习选择，提高学习动机和参与度。他们可以根据自己的学习进程和计划进行管理，同时获得个性化的学习反馈和评估。这种个性化学习的方式有助于学生更好地掌握学习内容，培养自主学习能力，并在学习中实现个人化的成长和发展。

## 七、实时更新和持续学习

社交媒体提供了实时更新的学习资讯和知识分享。学生可以通过关注相关的学习社群、教育机构和专业领域的账号，获取到最新的学习资源、学术研究成果和行业动态。社交媒体使学习变得更加持续和超越时空限制，学生可以随时随地获取到学习内容，不断拓展自己的知识和技能。

第一，学习资源的实时更新。社交媒体平台上的学习社群、教育机构和专业领域的账号经常发布最新的学习资源和信息。学生可以通过关注这些账号，获取到实时更新的学习资讯，包括学术论文、研究成果、行业趋势、技术进展等。这使得学生可以及时了解到最新的知识和发展动态，保持学习的前沿性。

第二，知识分享和讨论平台。社交媒体提供了一个广阔的知识分享和讨论的平台，学生可以在这些平台上与其他学习者、教师和专业人士交流和分享学习经验。他们可以通过评论、回复和互动，与他人讨论学习内容、提出问题、解答疑惑，从而拓展自己的知识和见解。这种开放的学习环境促进了知识的共享和合作，丰富了学生的学习来源和学习体验。

第三，跨时空学习的便利性。通过社交媒体，学生可以随时随地获取到学习内容，无论是在校园内还是在家中、公共交通工具上甚至是旅途中。他们可以根据自己的时间和空间的限制，自由安排学习的时间和进度。社交媒体的便利性使得学习不再受制于传统的时间和空间限制，学生可以更加灵活地进行学习，将碎片化的时间转化为有效的学习时段。

第四，多元化的学习内容和视角。社交媒体平台上涵盖了各个学科和领域的学习资源和账号，学生可以根据自己的兴趣和学习目标选择关注的账号和社群。这样，他们可以接触到来自不同领域和不同背景的知识，获取到多元化的学习内容和视角。这种多样性的学习资源丰富了学生的学习体验，拓宽了他们的知识视野。

通过社交媒体获取实时更新的学习资讯和知识分

享，学生可以随时了解到最新的学术和行业动态，与他人交流和分享学习经验，并自由地安排学习时间和地点。这种实时更新的学习资讯和知识分享为学生提供了更广阔的学习机会和资源，使他们能够与学术界和行业的专家保持紧密联系，并及时了解到最新的学科发展和前沿技术。

　　总的来说，社交媒体在学习中的应用为学生提供了开放、互动和多样化的学习环境。它打破了传统教学的时间和空间限制，促进了学生之间的互动和合作，丰富了学习资源和学习机会。通过社交媒体，学生可以实现个性化学习和自主学习，培养批判性思维、合作能力和终身学习的能力，适应快速变化的社会和技术发展。然而，教育者和学生也需要注意社交媒体的有效使用，合理规划学习时间，筛选优质内容，并保持良好的网络素养和信息素养。

# 第二节　在线学习社区与合作学习

在线学习社区和合作学习是当今教育领域中日益重要的学习模式。通过在线学习社区，学生可以在虚拟的学习环境中与来自世界各地的学习者和教师互动、合作和分享知识。合作学习则强调学生之间的合作与协作，通过互相交流、讨论和共同解决问题来促进深度学习和知识建构。

在线学习社区和合作学习在当今教育中具有重要的地位和价值。它们为学生提供了丰富的学习资源、多样化的学习方式和广阔的学习机会。

## 一、知识共享和交流

在线学习社区的存在为学生和教师提供了一个互动和分享知识的平台。通过社区中的讨论板、论坛、博客等功能，学生可以与其他学习者交流并分享自己的学习心得、经验和观点。这种知识共享和交流的过程促进了学生之间的相互学习和思想碰撞，帮助他们深化对学习内容的理解，并拓宽他们的知识视野。

在线学习社区的一个重要特点是它的开放性和多样性。学生可以在社区中遇到来自不同背景和学习领域的人，他们可能有不同的观点、经验和知识。这种多元性促进了学生之间的互相启发和学习，激发了他们的思维和创造力。通过与其他学习者的交流，学生可以从不同的角度看待问题，获得新的思考方式和解决问题的方法。

同时，在线学习社区也为学生提供了一个自主学习和个性化学习的空间。学生可以根据自己的兴趣和需求选择参与的讨论和活动，自由地表达自己的观点和疑问。他们可以提出问题、寻求帮助，并与其他学习者共同探讨和解决问题。这种自主学习和个性化学习的机会激发了学生的主动性和学习动机，使他们更加积极主动地参与学习过程。

另外，通过在线学习社区的交流和分享，学生还能够建立学习网络和社交关系。他们可以结识志同道合的学习伙伴，相互支持和鼓励，共同成长和进步。这种学习网络和社交关系在学生的学习过程中起到了积极的作用，帮助他们建立信任、增强合作意识，并提供支持和帮助。

总之，在线学习社区作为一个知识共享和交流的平台，为学生提供了与他人互动、分享和学习的机会。通过与其他学习者的交流，学生可以拓宽知识视野、深化学习理解，并培养自主学习和个性化学习的能力。同时，学生还能够建立学习网络和社交关系，共同成长和进步。

## 二、多样化的学习资源

在线学习社区的丰富学习资源是其中一个重要的优势。学生可以通过社区获取到各种形式的学习资料，如教学视频、课件、教材、学术论文等。这些资源涵盖了广泛的学科和领域，能够满足学生不同的学习需求和兴趣。

首先，在线学习社区提供了高质量的教学视频。这些视频可以是由专业教师制作的在线课程，也可以是学生们共享的学习经验和教学资源。学生可以通过观看教学视频，直观地了解和学习各种学科的知识和技能。视频的可视化呈现方式能够更好地激发学生的兴趣，并提供具体的案例和实例来帮助他们理解和应用所学内容。

其次，社区中的课件和教材是学生学习的重要参考资料。教师和学生可以共享自己制作的课件，这些课件可以包含丰富的图表、图像和文字说明，帮助学生系统地学习和复习知识点。此外，社区中还有各种教材资源，学生可以根据自己的需要选择适合的教材进行深入学习。这样的资源丰富了学生的学习材料，使他们能够更全面地掌握知识。

另外，学术论文也是在线学习社区的重要学习资源之一。社区中可能有专家学者发布的学术论文、研究报告和期刊文章，这些资源提供了前沿的学术研究成果和学科发展动态。学生可以通过阅读学术论文，了解最新的研究进展和学科前沿，深化对学科的理解，并将理论知识与实践应用相结合。

通过在线学习社区获取丰富多样的学习资源，学生可以根据自己的学习需求和兴趣选择适合的资源进行学习。他们可以自主地组织学习路径和学习方式，灵活地掌握学习进度和节奏。这种个性化学习的方式能够更好地满足学生的学习需求，提高学习的效果和兴趣。

## 三、合作与协作

合作学习是在线学习社区的重要组成部分。学生可以通过合作学习与其他学生一起解决问题、完成项目和分享成果。合作学习鼓励学生之间的互助和合作，培养团队合作的能力，提高问题解决和决策能力。

首先，促进知识共享和思想碰撞。合作学习鼓励学生之间的互相学习和交流。学生可以分享自己的观点、经验和知识，与其他学生一起探讨和解决问题。这种知识共享和思想碰撞可以激发创新思维，拓宽学生的视野，帮助他们从不同角度看待问题，获得新的见解和解决方案。

其次，培养团队合作能力。合作学习强调学生之间的合作与协作。学生需要在团队中分工合作，共同完成任务和项目。这样的经验帮助学生培养团队合作的能力，学会与他人合作、沟通和协调。团队合作能力是现实生活和职业中非常重要的技能，通过合作学习，学生能够在一个支持性的学习环境中锻炼和发展这一能力。

第三，提高问题解决和决策能力。合作学习提供了解决问题和做出决策的实践机会。学生在合作中面临各种挑战和困难，需要思考和协作找到解决方案。这种实践锻炼帮助学生培养批判性思维、分析和评估问题的能力，提高他们的问题解决和决策能力。

此外，促进学习动力和参与度。合作学习可以增强学生的学习动力和参与度。与他人合作学习可以激发学生的兴趣和好奇心，增加学习的乐趣和动力。学生之间的互相支持和合作也能够提供积极的学习环境，鼓励学生积极参与和努力学习。

最后，培养社交和人际交往能力。合作学习在在线学习社区中帮助学生建立社交和人际交往的能力。学生与其他学生合作学习时，需要与他人沟通、协商和解决冲突。这样的交流和互动促进了学生的社交技巧和人际交往能力的发展，这些技能在日常生活和职业发展中都非常重要，能够帮助学生更好地与他人合作、建立良好的人际关系，并在团队工作和协作中取得成功。

合作学习在在线学习社区中扮演着重要的角色。它通过促进知识共享和思想碰撞，培养团队合作能力，提高问题解决和决策能力，促进学习动力和参与度，以及培养社交和人际交往能力，为学生提供了一个丰富而有意义的学习经验。在线学习社区中的合作学习不仅帮助学生在学术上取得进步，还为他们的个人发展和职业发展奠定了坚实的基础。

## 四、互动和参与

在线学习社区为学生提供了互动和参与的平台。学生可以在社区中提问、回答问题、发表评论，与其他学习者和教师进行实时交流。这种互动和参与能够激发学生的学习兴趣和动力，增强学习效果和成果。

首先，通过提问和回答问题，学生能够深入理解学习内容，并与其他学习者和教师进行深入讨论。这种互动不仅帮助学生澄清疑惑、解决问题，还能够促进他们思考和分析问题的能力。学生在互动中接触到不同的观点和解决方法，拓宽了他们的思维视野，培养了批判性思维和问题解决能力。

其次，通过发表评论，学生可以分享自己的观点、经验和心得，与其他学习者进行交流和反馈。这种互动不仅让学生感受到被听取和重视，也为他们提供了展示自己理解和表达能力的机会。学生可以通过评论与他人建立联系和交流，互相支持和鼓励，形成学习社区的凝聚力和互助氛围。

此外，在线学习社区的实时交流还能够及时获得反馈和指导。学生可以向教师提问、寻求帮助和接受指导，教师可以根据学生的问题和需求给予及时的回复和解答。这种及时的反馈能够帮助学生纠正错误、加深理解，并在学习过程中不断调整和改进。

在在线学习社区中，学生可以通过提问、回答问题和发表评论等方式与其他学习者和教师进行实时的交流和互动。这种互动和参与的机会对学生的学习过程和学习结果都具有重要的影响。

## 五、跨文化交流和理解

在线学习社区是一个多元文化的学习环境，学生可以与来自不同文化背景和国家的学习者进行交流和互动。这种跨文化交流能够促进学生的跨文化意识和理解，培养跨文化交际的能力，为他们未来的国际交流和合作奠定基础。

首先，跨文化交流能够促进学生的跨文化意识。通过与来自不同文化背景的学习者交流，学生可以了解和尊重不同的价值观、信仰、习俗和社会习惯。他们会意识到文化的多样性，认识到每个人都有不同的背景和经历，从而培养出包容性和尊重他人差异的态度。这种跨文化意识对于学生的个人发展和全球视野的培养都非常重要。

其次，跨文化交流可以培养学生的跨文化交际能力。学生在与来自不同文化背景的学习者进行交流时，需要倾听、理解和表达自己的观点和意见。他们需要适应不同的沟通方式、语言表达和文化背景，学会在跨文化环境中进行有效的沟通和合作。这种跨文化交际能力对于未来的国际交流、合作和职业发展都非常重要。

此外，跨文化交流还能够拓宽学生的视野和知识范围。通过与来自不同国家和文化的学习者交流，学生可以了解不同国家的教育体系、学术研究成果和行业动态。他们可以分享和获取来自各个文化背景的知识和经验，开拓自己的学习领域和兴趣。这种跨文化交流为学生提供了更广阔的学习资源和学习机会。

在线学习社区作为一个多元文化的学习环境，为学生提供了与来自不同文化背景和国家的学习者进行交流和互动的机会。这种跨文化交流促进了学生的跨文化意识和理解，培养了跨文化交际的能力，并拓宽了学生的视野和知识范围。这些跨文化交流的经历为学生的国际交流和合作打下了坚实的基础，提升了他们在全球化社会中的竞争力和适应能力。

在线学习社区与合作学习在教育中具有重要的地位和作用。它们提供了丰富的学习资源、促进了知识共享和交流、培养了合作与协作能力，并且激发了学生的互动和参与。通过在线学习社区与合作学习，学生可以获得更加灵活和个性化的学习体验。他们可以自由选择适合自己的学习资源和学习时间，并与其他学习者一起协作完成任务和项目。这种个性化和灵活性有助于满足学生的不同学习需求和学习节奏，使学习过程更加有效和有趣。

# 第三节　知识共建与社会学习网络

在当今数字时代，知识共建与社会学习网络成为了全球范围内人们获取和分享知识的重要方式。随着互联网的迅猛发展和社交媒体的兴起，人们已经迈入了一个信息爆炸的时代，但传统的知识传播方式逐渐显得滞后和不够高效。知识共建与社会学习网络的兴起，为人们提供了一个创新的途径，让他们能够自主地参与到知识的创建、共享和协作中来。这一新兴的网络形式，打破了传统知识传播的限制，促进了多元化的观点和经验的交流，推动了社会学习的发展与进步。本节将深入探讨知识共建与社会学习网络的重要性、特点以及对个体和社会的积极影响。

知识共建与社会学习网络的重要性无法忽视。在当今信息爆炸的时代，这种创新的学习方式为个体和社会带来了巨大的好处。通过开放的平台和互动的环境，知识共建与社会学习网络推动了知识的创造、共享和协作，增强了学习的参与度和灵活性，并促进了多样化的观点和经验交流。这种新型学习方式不仅建立了协作和社区精神，还提供了跨越时间和空间的学习机会。在建设学习型和创新型社会的道路上，知识共建与社会学习网络发挥着不可或缺的作用。

知识共建与社会学习网络具有重要性的多个方面。以下是对其重要性的详细说明：

## 一、促进知识的创造和共享

知识共建与社会学习网络为人们提供了一个开放、包容和互动的平台，使得个人能够积极参与知识的创造和共享。传统的知识传播方式通常是单向的，由专家或权威机构向受众传递信息。而在社会学习网络中，每个人都可以成为知识的贡献者和受益者，他们可以分享自己的专业知识、经验和见解，同时也能够从他人的知识中获益。这种开放性的知识共建模式极大地促进了知识的创新和传播效率的提高。

首先，知识共建与社会学习网络提供了一个开放的环境，任何人都可以自由地分享自己的专业知识、经验和见解。这意味着知识的来源不再局限于专家或权威机构，而是包括了广大的普通人。个人的知识和经验可以得到更多的曝光和认可，从而促进了知识的多样性和创新性。此外，开放性的平台还鼓励了跨学科和跨领域的交流，不同领域的人们可以相互启发和借鉴，产生新的思想和洞见。

其次，知识共建与社会学习网络的特点之一是包容性。在这样的网络中，每个人的意见和贡献都受到尊重和欢迎，无论是专业人士、学生、业余爱好者还是普通大众。这种包容性使得不同背景和经验的人们能够相互交流和学习，扩大了知识的范围和广度。同时，包容性也鼓励了思想的多样性和多元性，人们可以展现自己独特的观点和思考方式，推动了知识的进步和创新。

另外，社会学习网络的互动性是知识共建的重要组成部分。通过这种网络，人们可以进行实时的交流、讨论和合作。他们可以提出问题、寻求解答，也可以与他人共同探讨和解决问题。这种互动性不仅促进了知识的共建，还加强了学习的效果和参与度。通过与他人的互动，个人可以深入理解和运用知识，同时也能够从他人的经验和观点中获益，形成更全面和多维的学习体验。

在传统的知识传播方式中，知识通常是由专家或权威机构单向传递给受众。这种单向的传播模式存在一些局限性，比如信息的滞后、主观性和片面性等问题。而知识共建与社会学习网络通过开放、包容和互动的平台打破了传统的限制，使得每个人都能够积极参与知识的创造和共享。

## 二、增强学习的参与度和灵活性

传统的学习往往局限于教室或书本中的知识传授，而知识共建与社会学习网络提供了一个实时、互动的学习环境。学习者可以通过与他人交流、讨论和合作，拓宽自己的思路，加深对知识的理解和运用。同时，学习者可以根据自己的需求和兴趣选择学习的内容和方式，实现个性化学习的灵活性。这种参与度和灵活性的提升，使学习更加有趣和有效，能够满足不同学习者的需求。

首先，知识共建与社会学习网络通过互动性和合作性的特点增强了学习者的参与度。学习不再是单纯的接受和消化知识，而是一个积极参与的过程。学习者可以与其他人交流、讨论和合作，共同解决问题、分享观点和经验。这种互动性激发了学习者的思辨能力和创造力，激发了他们的学习动力，并提高了知识的吸收和理解效果。

其次，知识共建与社会学习网络提供了个性化学习的灵活性。学习者可以根据自己的需求、兴趣和学习风格选择学习的内容和方式。他们可以选择自己感兴趣的话题进行深入学习，参与感兴趣的讨论和项目。学习者可以根据自己的进度和时间安排进行学习，避免了传统学习方式中的时间和空间限制。这种个性化学习的灵活性使学习者更加投入和积极，能够更好地满足他们的学习需求。

此外，知识共建与社会学习网络还促进了跨学科和跨领域的学习。学习者可以与来自不同领域、不同背景的人们交流和合作。这种跨界合作促进了不同领域知识的融合和交叉创新，拓宽了学习者的视野和思维方式。

通过与其他领域的学习者互动，学习者可以获得不同的观点和经验，促进综合思考和跨学科的学习。

知识共建与社会学习网络提供了实时、互动和个性化的学习环境，增强了学习者的参与度和灵活性。通过与他人的交流、讨论和合作，学习者可以拓宽思路、加深理解，并从他人的知识和经验中获益。此外，社会学习网络还促进了跨学科和跨领域的学习，提高了学习者的综合素质。

## 三、促进多样化的观点和经验交流

知识共建与社会学习网络连接了全球各地的人们，打破了地理和文化的限制。这意味着来自不同背景和领域的人们可以相互交流、分享和合作。这种多样化的观点和经验交流不仅丰富了知识的内容，也促进了思维的多样性和创新的发展。通过与不同人群的互动，个体能够开阔自己的视野，理解和尊重不同文化和观点，从而增强跨文化交流和合作的能力。

首先，知识共建与社会学习网络提供了一个开放的平台，使得不同文化和背景的人们可以相互交流和分享知识。学习者可以从世界各地的专家、学者、业界领袖等人士那里获取全球前沿的知识和经验。这种跨文化的知识交流不仅丰富了知识的内容，也拓宽了学习者的视野和思维方式。学习者可以了解不同文化的观点、价值观和实践，从而培养跨文化交流和合作的能力。

其次，知识共建与社会学习网络促进了跨文化的观点和经验交流。通过与来自不同文化背景的人们互动，学习者能够接触到不同的思维方式、解决问题的方法和实践经验。这种多样化的观点和经验交流激发了创新思维和解决问题的多样性。学习者可以从不同文化的视角来审视问题，发现新的解决方案和机会。这种跨文化的观点交流对于培养学习者的跨文化适应能力和全球意识具有重要意义。

此外，知识共建与社会学习网络还为跨文化合作提供了平台和机会。通过网络平台，学习者可以与来自不同文化背景的人们合作开展项目、解决问题、创新和推动社会变革。这种跨文化的合作不仅有助于实现共同的目标，也促进了文化之间的相互学习和交流。学习者可以通过与他人的合作，了解并尊重不同文化的差异，培养跨文化合作和团队合作的能力。

知识共建与社会学习网络连接了全球各地的人们，打破了地理和文化的限制。通过与不同文化背景的人们交流、分享和合作，学习者能够开阔自己的视野，理解和尊重不同文化和观点，从而增强了跨文化交流和合作的能力。这种跨文化的知识交流和合作不仅丰富了知识的内容，也促进了思维的多样性和创新的发展。

## 四、建立协作和社区精神

知识共建与社会学习网络的核心理念是合作和分享。在这样的网络中，人们通常倾向于合作、帮助和支持他人。这种协作和社区精神能够促进团队合作和集体智慧的发展，知识共建与社会学习网络建立了一个共同体和社区，人们可以通过共同的兴趣和目标进行互动和合作。这种社区意识和互助精神不仅有助于个体的学习和成长，也有助于社会的发展和进步。人们通过网络平台建立联系和合作，共同解决问题、创新和推动社会变革。

首先，知识共建与社会学习网络建立了一个共同体和社区，人们可以通过共同的兴趣和目标进行互动和合作。网络平台提供了一个开放的环境，使得学习者可以与他人分享自己的专业知识、经验和见解，同时也能够从他人的知识中获益。学习者可以在这个社区中相互交流、讨论问题、解决难题，共同探索知识的边界和创新的可能性。

其次，合作和分享的精神促进了团队合作和集体智慧的发展。在知识共建与社会学习网络中，人们可以组成团队，共同合作解决复杂的问题和开展项目。团队成员之间的协作和合作能够汇集不同的专业知识和技能，促进创造性的思维和创新的产生。集体智慧的力量使得团队能够超越个人的能力和局限，达到更好的成果和解决方案。

此外，知识共建与社会学习网络中的合作和分享精神还培养了社区意识和互助精神。人们意识到他们是一个共同体的一部分，他们的行为和贡献对整个社区的发展和进步有影响。在这个共同体中，人们乐于分享自己的知识和经验，帮助他人解决问题，共同推动社会的发展和进步。

知识共建与社会学习网络通过合作和分享的精神，建立了一个共同体和社区，人们可以在这个社区中互相支持、互相学习和互相促进。这种协作和社区精神促进了团队合作和集体智慧的发展，同时也培养了社区意识和互助精神。知识共建与社会学习网络不仅有助于个体的学习和成长，也为社会的发展和进步提供了有力的支持。

## 五、提供跨越时间和空间的学习机会

知识共建与社会学习网络的另一个重要特点是它提供了跨越时间和空间的学习机会。无论是异地学习、远程教育还是弹性学习，个体都可以通过网络平台随时随地获取知识和参与学习活动。这种灵活性和便捷性使得学习不再受限于传统的时间和地点限制，为人们提供了更大的学习自由度和机会。

首先，知识共建与社会学习网络提供了异地学习的机会。无论是身处城市还是偏远地区，人们都可以通过网络接入学习资源，参与在线课程、讨论和交流。这种异地学习的方式消除了地理距离的限制，使得学习者可以与全球各地的教育机构、专家和学习者进行互动和合作。个体不再需要为了学习而迁徙或长途跋涉，而是可以在家中或任何有网络连接的地方获取知识。

其次，知识共建与社会学习网络支持远程教育的发展。远程教育通过在线课程和教学资源，使得学习者可以在不同地点接受高质量的教育。无论是工作人士、家庭主妇还是远离学校的学生，都可以根据自己的时间和需求选择适合自己的课程，并在自己的节奏下学习。这种灵活性和便捷性为更多人提供了获取教育的机会，促进了人们终身学习的理念和实践。

此外，知识共建与社会学习网络还提供了弹性学习的机会。个体可以根据自己的兴趣、需求和时间安排自主选择学习内容和学习进度。网络平台上的学习资源丰富多样，包括课程材料、教学视频、在线讨论等，学习者可以根据自己的学习风格和节奏进行学习。这种弹性学习的方式能够满足不同学习者的需求，使得学习更加个性化、灵活和有效。

知识共建与社会学习网络的跨越时间和空间的特点为个体提供了更大的学习自由度和机会。无论是异地学习、远程教育还是弹性学习，个体都可以通过网络平台随时随地获取知识和参与学习活动。这种灵活性和便捷性推动了学习方式的创新和进步。它打破了传统学习中时间和地域的限制，让学习成为一种更为灵活、便捷和个性化的体验。

知识共建与社会学习网络的重要性在于它促进了知识的创造和共享，增强了学习的参与度和灵活性，促进了多样化的观点和经验交流，建立了协作和社区精神，并提供了跨越时间和空间的学习机会。这一新兴的学习方式对个体和社会的发展都具有积极的影响，为建设学习型社会和创新型社会提供了有力支持。

# 第四章 数字技术融入课堂教学

随着科技的快速发展，数字技术正在逐渐融入各个领域，其中包括教育领域。数字技术的融入为课堂教学带来了许多新的机遇和挑战。在传统的课堂教学中，教师通常是信息的主要提供者，学生则是被动的接收者。然而，数字技术的融入改变了这种教学模式，为教师和学生创造了更为丰富、互动和个性化的学习环境。

## 第一节 数字化教学设计原则与策略

在数字化教学中，设计原则与策略起着关键作用，可以确保教学活动的有效性和学习成果的最大化。数字化教学的目标是利用数字技术的优势，提供更灵活、个性化和互动的学习体验。为了实现这一目标，教师需要运用一系列设计原则和策略，以确保教学内容的有效传达和学生的主动参与。通过合理的设计和策略选择，数字化教学可以实现最佳的教学效果。

### 一、数字化教学的设计原则

在数字化教学的设计过程中，遵循一系列的设计原则是至关重要的。这些原则旨在优化学习体验，提高学习成效，并充分发挥数字技术在教育中的潜力。通过合理的设计原则，教师能够创造出具有互动性、个性化和多样化特点的数字化学习环境，从而满足学生的学习需求和提高他们的学习成果。

## （一）学生中心

数字化教学应以学生为中心，关注学生的学习需求和兴趣。教师应了解学生的背景、学习风格和目标，并根据这些信息进行教学设计。个性化学习路径和资源选择可以帮助每个学生在适合自己的节奏和方式下学习，激发学生的主动参与和自主学习。

了解学生的背景、学习风格和目标是教师进行教学设计的重要前提。通过与学生的沟通和交流，教师可以获得关于学生的个人差异、学习偏好和学习目标的信息。这种了解能够帮助教师个性化地设计学习路径和资源，以满足不同学生的学习需求。

个性化学习路径和资源的设计可以让每个学生在适合自己的节奏和方式下进行学习。数字化教学平台可以提供丰富的学习资源，如教学视频、交互式模拟、在线练习等。教师可以根据学生的学习风格和能力水平，选择和推荐适合他们的资源。同时，教师还可以利用学习分析工具和数据来跟踪学生的学习进度，及时调整学习路径，提供个性化的学习支持和反馈。

个性化学习路径和资源的设计不仅能够满足学生的学习需求，还能够激发学生的主动参与和自主学习。学生在能够自主选择学习内容和方式的情况下，更容易产生学习兴趣和动力。他们可以根据自己的兴趣和学习目标，自主安排学习时间和进度，选择适合自己的学习资源和活动。这种主动参与和自主学习的过程，能够培养学生的学习能力、解决问题的能力和自主学习的习惯。

因此，将学生置于教学的中心，并通过个性化学习路径和资源的设计，能够激发学生的学习动力和主动性，提高他们的学习效果和学习成绩。同时，这也为学生提供了更具意义和个性化的学习体验，促进了他们的全面发展和学习动力的提升。

## （二）互动性

数字化教学应鼓励学生之间的互动和合作，以及学生与教师之间的互动。通过使用协作工具、在线讨论平台和即时反馈系统，学生可以分享想法、讨论问题、解决挑战，从而深化对知识的理解和应用。教师可以通过即时反馈和个性化指导，促进学生的学习进步。

通过使用协作工具、在线讨论平台和即时反馈系统，学生可以在学习过程中进行交流和合作。这些工具可以促进学生之间的互动和合作，让他们分享想法、提出问题、解决挑战。通过互动和合作，学生可以从不同的视角和经验中获得新的见解，扩展思维，加深对知识的理解和应用。同时，学生之间的互动和合作也能培养团队合作和沟通技巧，提高他们的协作能力和解决问题的能力。

教师在数字化教学中扮演着引导者和指导者的角色。他们可以通过即时反馈系统和个性化指导，及时了解学生的学习进展和困难，并提供针对性的支持和指导。教师可以通过在线讨论平台和协作工具与学生进行互动，回答问题，解答疑惑，激发学生的思考和创造力。这种教师与学生之间的互动可以建立良好的师生关系，增强学生对学习的兴趣和动力。

同时，学生与教师之间的互动也有助于教师了解学生的学习需求和进展情况，以便更好地调整教学策略和提供个性化的支持。通过及时反馈和个性化指导，教师能够及时发现学生的困惑和错误，给予针对性的解释和纠正，帮助学生更好地理解和掌握知识。

因此，数字化教学应鼓励学生之间的互动和合作，以及学生与教师之间的互动。通过互动和合作，学生可以共同探索和构建知识，提高学习效果和学习成果。教师的即时反馈和个性化指导能够促进学生的学习进步，提供个性化的支持和指导。这种互动和合作的教学环境有助于培养学生的合作能力、沟通技巧和自主学习的能力，为他们的学习和未来的发展奠定坚实的基础。

### （三）多样化的学习资源

数字化教学提供了丰富多样的学习资源，包括数字教材、模拟实验、多媒体资源等。教师可以选择适合不同学习风格和学科要求的资源，以增加学习的趣味性和互动性。多样化的学习资源可以满足学生的不同学习需求，提供多种学习路径和选择。

首先，数字教材为学生提供了一种全新的学习方式。与传统的纸质教材相比，数字教材具有更多的交互性和多媒体元素。学生可以通过点击、拖拽、动画等方式与教材进行互动，加深对知识的理解和记忆。同时，数字教材可以包含丰富的图像、音频和视频资源，使学习内容更加生动有趣。教师可以根据学生的学习风格和需求选择适合的数字教材，提供个性化的学习体验。

其次，模拟实验是数字化教学中的重要组成部分。通过虚拟实验平台或模拟软件，学生可以进行各种实验操作和观察，尽管不在实际实验室中。这种模拟实验能够提供安全性、经济性和灵活性，使学生能够在自己的节奏和时间内进行实验，观察现象，进行分析和推理。模拟实验还可以提供实时反馈和纠错功能，帮助学生更好地理解实验原理和提高实验技能。

此外，多媒体资源也是数字化教学的重要组成部分。多媒体资源包括图像、音频、视频等，可以用于呈现复杂的概念和过程。通过多媒体资源，学生可以直观地了解抽象的概念和现象，加深对知识的理解和记忆。

教师可以利用多媒体资源设计丰富多样的教学活动，激发学生的兴趣和好奇心，提高他们的学习动力。

通过提供丰富多样的学习资源，数字化教学能够满足学生的不同学习需求，提供多种学习路径和选择。学生可以根据自己的学习风格和兴趣选择适合的学习资源，以最佳的方式进行学习。同时，教师可以根据学科要求和教学目标选择合适的资源，丰富教学内容，提高教学效果。这种多样化的学习资源不仅能够提高学生的参与度和学习动力，还能够促进深层次的学习和理解。

## （四）反馈与评估

数字化教学应提供及时的反馈和评估机制，以帮助学生了解自己的学习进展和发现改进的方向。教师可以使用在线测验、自动化评估工具和数据分析来收集学生的学习数据，以便更好地了解学生的学习情况，并进行个性化的指导和支持。

首先，在线测验是一种常用的数字化评估方式。教师可以设计各种类型的测验题目，包括选择题、填空题、解答题等，以评估学生对知识的掌握程度和理解水平。通过在线测验，教师可以即时获取学生的答题情况和成绩，从而及时了解学生的学习进展。

其次，自动化评估工具可以帮助教师更高效地评估学生的学习成果。例如，学生可以使用在线作业提交系统提交作业，教师可以利用自动化工具进行作业批改和评估。这种方式不仅提高了评估效率，还减少了人为主观因素对评估结果的影响，使评估更加客观和准确。

同时，数据分析在数字化教学中起着重要的作用。通过收集和分析学生的学习数据，教师可以了解学生的学习行为、学习习惯和学习偏好。教师可以利用这些数据来发现学生的学习困难和问题，并提供个性化的指导和支持。此外，数据分析还可以帮助教师发现整体班级的学习趋势和模式，为教学设计和课程调整提供参考依据。

通过及时的反馈和评估，学生可以了解自己的学习进展和成绩，及时发现并纠正错误，调整学习策略。教师可以根据学生的学习数据和反馈，提供个性化的指导和支持，帮助学生克服学习难题，实现更好的学习效果。同时，教师还可以利用学生的学习数据进行教学分析和优化，提升教学质量和效果。

在数字化教学中，提供及时的反馈和评估机制对于学生的学习至关重要。通过使用在线测验、自动化评估工具和数据分析，教师可以收集学生的学习数据，深入了解他们的学习进展和表现。这些工具和技术能够提供即时的、客观的反馈，帮助学生了解自己的学习情况，并发现改进的方向。

## （五）持续专业发展

数字化教学要求教师不断更新自己的教学技能和知识。教师应积极参与专业发展活动，学习和掌握数字技术的最新应用和教学策略。与此同时，教师还应不断反思和调整教学实践，根据学生的反馈和数据分析优化教学设计。

首先，教师应积极参与专业发展活动，包括教育研讨会、培训课程和教学研究。这些活动可以帮助教师了解最新的数字技术应用和教学趋势，掌握有效的教学策略和方法。通过与其他教师的交流和合作，教师可以分享经验、借鉴成功实践，并获得互相支持和启发。

其次，教师应不断反思和调整自己的教学实践。数字化教学提供了丰富的数据和反馈机制，教师可以根据学生的表现和反馈进行教学评估和优化。教师可以分析学生的学习数据，了解他们的学习进展和需求，从而调整教学策略和资源选择，更好地满足学生的学习需求。

此外，教师还应注重个性化指导和支持。数字化教学可以为教师提供个体学生的学习数据和进展情况，教师可以根据这些信息提供有针对性的指导和支持。通过个性化的教学策略和资源选择，教师可以更好地满足学生的学习差异，帮助他们实现个人化的学习目标。

总之，数字化教学要求教师保持持续的学习和发展态度。他们应积极参与专业发展活动，学习和掌握数字技术的最新应用和教学策略。同时，教师还应不断反思和调整教学实践，根据学生的反馈和数据分析优化教学设计。这样的教师专业发展和反思实践将促进数字化教学的有效实施，并为学生提供更优质的学习体验和支持。

综合利用这些设计原则，教师可以创建一个积极、富有互动和个性化的数字化学习环境，激发学生的学习兴趣和动力，提升他们的学习成效和发展潜力。同时，数字化教学的设计原则也要与教育目标和课程内容相一致，确保学生在数字化环境中获得全面的教育价值。

## 二、数字化教学设计的策略和方法

数字化教学设计的策略和方法是为了有效利用数字技术和在线学习平台，提供创新和高效的教学体验。这些策略和方法旨在激发学生的学习兴趣、提升学习效果，并促进学生的主动参与和深层次的理解。以下是一些关键的数字化教学设计策略和方法，它们可帮助教师更好地规划和实施数字化教学。

### （一）整合多媒体资源

利用数字化技术，整合丰富多样的多媒体资源，如图像、音频、视频等，以增加学习内容的吸引力和可视化效果。教师可以使用在线教学平台或多媒体软件创建交互式教学材料，以及配备合适的多媒体设备，让学生通过视听等多种感官方式参与学习。

第一，图像和图表。使用图片、插图和图表等可视化工具，将抽象的概念转化为具体的形象，帮助学生更好地理解和记忆知识点。教师可以通过展示图片、绘制图表或使用图像编辑软件，创建有趣、生动的图像资源来支持教学。

第二，音频和音乐。通过录制音频讲解、使用音乐和声效等方式，增加学习材料的声音元素，使学生在听觉上更加沉浸和专注。教师可以录制解说课程、朗读文章、演示语音例句等，以提供更丰富的学习体验。

第三，视频和动画。制作教学视频和动画可以将抽象概念转化为具体实例，并通过视觉效果展示过程和演示操作。教师可以使用屏幕录制软件、动画制作工具或借助专业教学视频资源，创作各种形式的教学视频和动画，以丰富学生的学习内容和互动性。

第四，虚拟实境和增强现实。利用虚拟实境（Virtual Reality，VR）和增强现实（Augmented Reality，AR）技术，为学生创造沉浸式的学习体验。通过使用VR头盔或AR应用程序，学生可以进入虚拟世界或与现实世界进行互动，进行实地考察、模拟实验或参与虚拟角色扮演等活动。

通过整合丰富多样的多媒体资源，教师可以提供更具吸引力和互动性的学习体验，激发学生的兴趣，增加他们对学习内容的理解和记忆。此外，教师还可以引导学生积极参与多媒体资源的制作和分享，培养他们的创造力和合作能力，促进彼此之间的学习交流和合作。

## （二）个性化学习路径

通过数字化教学平台或学习管理系统，为学生提供个性化的学习路径和资源选择。根据学生的学习风格、兴趣和能力水平，教师可以设定不同的学习模块和任务，让学生按照自己的节奏和兴趣进行学习。个性化学习路径可以激发学生的主动性和自主学习能力。

首先，分层次学习。根据学生的能力水平和学习进展，将学习内容划分为不同层次或难度，为学生提供适合其水平的学习任务和挑战。通过定制化的学习模块，学生可以在自己的舒适区域内学习，并逐步提升到更高的学习层次。

其次，兴趣导向学习。了解学生的兴趣和偏好，为其提供与其兴趣相关的学习资源和项目。通过个性化的学习内容，学生能够更加投入学习，增强学习动力，并将学习与自己的兴趣相结合。

第三，自主学习和探究。为学生提供自主学习的机会和资源，鼓励他们在学习过程中主动探索、思考和解决问题。教师可以设计开放性的任务和项目，引导学生进行自主研究和学习，培养其自主学习的能力。

另外，实时反馈和指导。通过学习管理系统的即时反馈功能，教师可以对学生的学习进展进行监测和评估，并及时提供个性化的指导和支持。教师可以根据学生的表现和反馈，调整学习任务、提供额外资源或给予针对性的指导，以帮助学生取得更好的学习效果。

个性化学习路径和资源选择可以激发学生的主动性、自主学习能力和自我管理能力。同时，通过数字化教学平台的数据分析，教师还可以收集学生的学习数据，进一步了解他们的学习需求和进展，为个体化的指导和支持提供更准确的依据。这样的个性化教学设计有助于提高学生的学习成绩、培养其自主学习能力，并促进其在学习中的积极参与和成长。

## （三）互动和合作学习

利用数字化工具和平台，鼓励学生之间的互动和合作。教师可以设置在线讨论板、协作工具和群组任务，促进学生之间的合作与交流。同时，教师也可以利用即时通信工具、在线会议等方式与学生进行实时互动和讨论。这种互动和合作学习的方式可以增强学生的学习效果和团队合作能力。

首先，在线讨论和协作工具。教师可以利用在线讨论板、协作工具和群组任务等功能，鼓励学生之间展开讨论、分享想法和合作完成任务。学生可以通过这些工具在虚拟空间中进行交流，共同解决问题、制定计划和完成项目。

其次，合作项目和小组任务。教师可以设计合作项目和小组任务，让学生在小组中共同协作、分工合作，并通过在线协作平台共享文件、编辑文档等，实现实时合作和资源共享。这种合作学习方式可以培养学生的团队合作能力、沟通技巧和解决问题的能力。

此外，远程协作和实时互动。教师可以利用即时通信工具、在线会议等方式与学生进行实时互动和讨论。通过远程协作工具，学生可以随时与教师进行交流，提出问题、寻求指导，并与其他同学进行互动和合作。

最后，虚拟项目和角色扮演。通过数字化工具和平台，教师可以设计虚拟项目和角色扮演活动，让学生扮演不同角色，在虚拟环境中模拟真实情境，进行互动和合作。这种学习方式可以培养学生的合作能力、领导能力和解决问题的能力。

互动和合作学习的方式可以促进学生之间的交流和合作，增强学生的学习效果和团队合作能力。通过数字化工具和平台，学生可以随时随地进行互动和合作，打破了时间和空间的限制，提供了更灵活和便捷的合作学习环境。同时，教师在这个过程中起到引导和促进的作用，帮助学生建立积极的合作关系、培养合作技能，并从中获得共同学习的价值和成果。

## （四）社交媒体和博客

利用社交媒体平台和博客工具，鼓励学生展示和分享他们的学习成果、想法和见解。学生可以通过发表博客文章、评论和互动等方式，与其他学生和教师进行交流和合作，扩展自己的学习网络和社区。

第一，学生展示学习成果。通过社交媒体平台和博客工具，学生可以创建个人博客或社交媒体账号，用来展示他们的学习成果、作品和项目。他们可以分享自己的学习心得、解决问题的方法、创作作品等。这样的展示不仅可以激发学生的学习动力和自信心，还可以让其他人欣赏和受益。学生可以通过博客文章、图片、视频等多种形式来展示自己的学习成果。

第二，学生交流和合作。社交媒体平台和博客工具提供了学生之间和学生与教师之间交流和合作的渠道。学生可以在博客文章下方的评论区交流意见、提出问题，与其他学生分享观点和经验。他们还可以通过私信或在线群组与其他学生和教师进行深入的讨论和合作。这种互动和合作的方式可以扩展学生的学习网络和社区，促进彼此之间的学习和成长。

第三，学习资源和反馈。社交媒体平台和博客工具也可以成为学生获取学习资源和反馈的渠道。教师可以在博客上分享有关课程内容、学习资源和参考资料的链接。学生可以通过这些资源进一步拓宽知识面和深化学习。此外，其他学生和教师可以在评论区提供反馈和建议，帮助学生改进学习成果和提升学习质量。

第四，学习社区和互助支持。通过社交媒体平台和博客工具，学生可以加入学习社区和参与互助支持的活动。他们可以关注和加入与自己学习兴趣相关的群组、页面或博客，与同好们交流学习体验、分享学习资源，并互相支持和鼓励。这样的学习社区可以提供学生们与其他有共同兴趣的人建立联系和合作的机会，为他们提供更广阔的学习平台和机遇。

利用社交媒体平台和博客工具可以鼓励学生展示和分享学习成果、想法和见解，并促进学生之间的交流和合作。通过这些平台，学生可以积极参与学习社区，与其他学生和教师进行互动，扩展学习网络，获得多样化的观点和反馈。

此外，社交媒体平台和博客工具还可以培养学生的表达和批判思维能力。学生在撰写博客文章、评论和互动时，需要清晰地表达自己的观点和理由，并参与到有意义的对话中。通过这样的实践，学生能够锻炼自己的写作和沟通技巧，培养批判性思维和分析能力。

社交媒体平台和博客工具的开放性和可访问性也有助于学生的跨文化交流和全球意识的培养。学生可以与来自不同地区和文化背景的人进行交流，了解和尊重不同的观点和价值观。这样的经验可以帮助学生拓宽视野、培养跨文化沟通能力，并加深对全球问题的认识。

然而，需要注意的是，教师在数字化教学中的角色非常重要。他们应该引导学生正确使用社交媒体平台和博客工具，教授网络礼仪和信息素养，以及帮助学生区分可靠的信息源和内容。教师还应定期监督和评估学生在社交媒体平台上的活动，确保学生的参与是积极的、有意义的，同时保护学生的隐私和安全。

利用社交媒体平台和博客工具可以促进学生之间的互动和合作，拓宽学习网络和社区，培养学生的表达能力、批判性思维和全球意识。然而，教师的指导和监督仍然是确保学生获得积极学习经验和保护他们的权益的关键。

## （五）实践与应用

通过数字化技术，教师可以为学生提供实践和应用的机会。例如，使用模拟实验软件进行实验操作、设计虚拟场景进行案例分析等。这样的实践与应用活动可以帮助学生将所学知识应用到实际情境中，提高他们的问题解决和应用能力。

首先，模拟实验软件。教师可以利用模拟实验软件，为学生提供实验操作的虚拟环境。学生可以通过软件模拟实验操作、观察实验结果，并进行数据分析和解释。这样的实践活动可以帮助学生理解实验原理、培养实验设计和分析的能力。

其次，虚拟场景和案例分析。教师可以设计虚拟场景和案例，供学生进行分析和解决问题。通过虚拟场景，学生可以在模拟的实际情境中运用所学知识，分析和解决问题，并做出相应的决策。这样的应用活动可以提高学生的问题解决和应用能力，培养他们在真实情境中运用知识的能力。

此外，项目驱动学习。通过数字化技术，教师可以设计项目驱动的学习任务，让学生在实际项目中应用所学知识和技能。学生可以通过合作、研究和创造来解决实际问题，从而提高他们的实践和运用能力。教师可以提供必要的指导和支持，同时鼓励学生发挥创造性和主动性。

最后，虚拟实践和远程实习。利用数字化技术，教师可以为学生提供虚拟实践和远程实习的机会。例如，学生可以通过虚拟实践平台进行商业模拟、职业实训等活动，以增强他们在特定领域的实践能力。远程实习可以通过在线实践项目、远程导师指导等方式实现，让学生在真实工作环境中运用所学知识和技能。

这些实践和应用活动通过数字化技术的支持，为学生提供了更具体、更真实的学习体验，使他们能够将所学知识与实际情境相结合。这样的学习设计可以激发学生的学习兴趣和动力，提高他们的主动学习和问题解决能力，为未来的职业发展做好准备。同时，教师在这个过程中起到引导和支持的作用，帮助学生充分发挥他们的潜力。

### （六）及时反馈和评估

利用在线测验、自动化评估工具和数据分析，及时为学生提供反馈和评估。教师可以利用这些工具收集学生的学习数据，了解他们的学习进展和困难。通过及时的反馈，教师可以给予学生个性化的指导和支持，帮助他们改进学习策略和提高学习效果。

通过在线测验工具，教师可以创建各种类型的测验和评估任务，包括选择题、填空题、简答题等。学生可以通过在线平台完成测验，并即时获得分数和反馈。在线测验不仅能够评估学生对知识的掌握程度，还可以帮助教师了解学生的学习进展和理解情况。教师可以根据测验结果，进行个性化的指导和支持，针对学生的困难和错误进行解释和讲解，帮助他们纠正错误和加强薄弱环节。

除了在线测验，教师还可以利用自动化评估工具对学生的学习作品进行评估。例如，通过在线提交作业、项目报告等方式，教师可以使用自动化评估工具对学生的作品进行评分和反馈。这种方式可以提高评估的效率和准确性，并为学生提供即时的反馈和评估结果。教师可以根据评估结果，为学生提供个性化的建议和改进方向，帮助他们提升学习成果和质量。

数字化教学还可以通过数据分析来深入了解学生的学习情况和表现。通过在线学习平台和学习管理系统收集的学习数据，如学习时间、进度、互动记录等，可以为教师提供有关学生学习行为和学习过程的信息。教师可以通过数据分析工具对这些数据进行分析和解读，了解学生的学习习惯、困难点以及学习动力等方面的情况。基于数据分析的结果，教师可以针对个体学生或整个班级制定相应的教学策略，提供个性化的指导和支持，以帮助学生取得更好的学习成果。

通过在线测验、自动化评估工具和数据分析，数字化教学能够为学生提供及时的反馈和评估，帮助他们了解自己的学习进展和发现改进的方向。同时，教师可以根据反馈和评估结果，提供个性化的指导和支持，以促进学生的学习进步和

提高学习效果。

## （七）不断反思和改进

数字化教学设计应该是一个不断反思和改进的过程。教师可以根据学生的反馈和数据分析，不断反思和调整教学设计。教师可以通过观察学生的学习表现和参与度，收集学生的反馈意见，以及分析学生的学习数据，评估教学效果并发现改进的方向。教师可以借助专业发展活动、教学研讨会和教师社区等平台，与其他教师交流经验和分享教学策略，以不断提升自己的教学技能和知识。

首先，收集学生的反馈意见。教师可以定期收集学生的反馈意见，了解他们对教学活动和学习体验的评价。这可以通过问卷调查、小组讨论、个别面谈等方式进行。通过学生的反馈，教师可以了解学生对教学内容、教学方法和教学资源的喜好和需求，从而根据学生的反馈进行教学设计的调整和改进。

其次，观察学生的学习表现和参与度。教师可以观察学生在课堂上的学习表现和参与度，通过观察学生的回答问题、解决问题的方式，以及他们对学习任务的投入程度，来评估教学的有效性。教师可以借助技术工具，如学习管理系统中的学习分析功能，收集学生的学习数据，了解学生的学习进展和表现。

此外，分析学生的学习数据。教师可以利用学习管

理系统或在线教学平台提供的数据分析功能，分析学生的学习数据，如学习进度、答题情况、互动记录等。通过数据分析，教师可以识别学生的学习困难点、普遍错误、学习行为模式等，从而调整教学策略和提供个性化的指导和支持。

最后，参与专业发展活动和教学研讨会。教师可以参加专业发展活动、教学研讨会和教师社区等平台，与其他教师交流经验和分享教学策略。这些机会可以帮助教师不断学习和更新自己的教学技能和知识，了解数字化教学的最新趋势和最佳实践。通过与其他教师的互动和合作，教师可以从他们的经验中汲取灵感和启发，改进自己的教学设计。

数字化教学设计需要教师不断反思和改进。通过收集学生的反馈意见、观察学生的学习表现和参与度，分析学生的学习数据，以及参与专业发展活动和教学研讨会，教师可以不断优化教学设计，提供更好的学习体验和学习成果。

数字化教学设计的策略和方法涵盖了个性化学习、互动合作、多媒体资源、实践应用、及时反馈、不断反思和改进等方面。教师在设计数字化教学时应根据学生的需求和教学目标，灵活运用这些策略和方法，以提高学生的学习效果和参与度，促进其全面发展。

# 第二节　在线教育资源与开放教育

在线教育资源和开放教育是利用数字技术和开放性原则，为学习者提供广泛而灵活的学习机会的教育模式。随着互联网的发展和数字化技术的普及，在线教育资源和开放教育为学习者打破了时间和空间的限制，提供了自主学习和个性化学习的机会。通过开放教育资源和在线学习平台，学习者可以根据自己的需求和兴趣，在自己选择的时间和地点进行学习，并获得丰富多样的学习资源和教育内容。

## 一、在线教育资源与开放教育的内容

在线教育资源和开放教育是基于数字化技术和互联网的教育形式，通过在线平台和开放性的教育模式，提供了广泛的学习内容和学习机会。学习者可以根据自己的需求和兴趣选择适合自己的课程和学习资源，以灵活的方式进行学习。

在线教育资源和开放教育的内容非常丰富多样，涵盖了各个学科领域和学习层次。下面是一些常见的在线教育资源和开放教育的内容：

### （一）学习课程

在线教育平台提供了各种学习课程，包括学位课程、职业培训课程、兴趣爱好课程等。学习者可以选择自己感兴趣的课程进行学习，无论是学术知识还是实用技能，都能找到合适的课程。

在线教育平台的学习课程具有广泛的领域和专业覆盖。学位课程提供了高等教育水平的学习机会，包括本科和研究生课程，使学习者能够追求学位并获得相应的学分认证。职业培训课程则着重于提供实用技能和职业发展所需的知识，涵盖了各个行业和职业领域，帮助学习者提升职业素养和就业竞争力。此外，兴趣爱好课程提供了丰富多样的学习内容，如艺术、音乐、体育等领域的课程，满足学习者的兴趣爱好和个人发展需求。通过在线教育平台，学习者可以自主选择适合自己的学习课程，根据自身目标和兴趣进行学习，实现个性化的学习体验和职业发展。

### （二）教学视频

许多在线教育资源提供教学视频，包括课程讲座、教学演示和实验操作等。学习者可以通过观看视频来学习和理解知识，视频可以随时重复观看，帮助学习者更好地消化和吸收知识。

教学视频是在线教育资源中的重要组成部分。通过教学视频，学习者可以观看专业教师的课程讲解、演示和实验操作，从而深入理解学习内容。

第一，可视化呈现。教学视频通过图像、声音和动画等多媒体元素，将抽象的概念和知识变得形象可见。学习者可以通过视听感受，更直观地理解和记忆学习内容。

第二，反复观看。学习者可以根据自己的学习进度和需要，反复观看教学视频。这种灵活性和自主性使得学习者能够在自己的节奏下进行学习，重复强化关键概念和难点，加深理解。

第三，时空灵活。学习者可以随时随地访问教学视频，无论是在家中、办公室还是移动设备上。这消除了时间和地点上的限制，使学习更加便捷和灵活。

第四，多样化教学风格。教学视频可以采用不同的教学风格和技巧，包括讲解、演示、案例分析等。这样能够满足不同学习者的学习需求和学习偏好，提供多样化的学习体验。

此外，教学视频还可以与其他学习资源结合，如教材、练习题和在线讨论板等，形成综合的学习环境。学习者可以通过视频学习和其他学习资源的互动，加深对知识的理解和应用能力，提高学习效果。因此，教学视频在在线教育中发挥着重要的角色，为学习者提供了丰富、直观和灵活的学习方式。

### （三）学习材料

在线教育资源提供各种学习材料，如电子书籍、教科书、课件和练习题等。学习者可以根据自己的需要下载和使用这些材料，进行自主学习和巩固知识。

首先，电子书籍和教科书。在线教育平台通常提供各种电子书籍和教科书，涵盖各个学科和领域。学习者可以通过下载或在线阅读这些书籍，深入学习特定主题和领域的知识。

其次，课件和讲义。教师经常制作课件和讲义，用于课堂教学。这些教学材料可以作为学习者的参考资料，帮助他们复习和巩固课堂所学内容。

第三，练习题和作业。在线教育资源通常提供大量的练习题和作业，以帮助学习者检验和巩固所学知识。学习者可以通过完成练习题和作业，加深对知识的理解和应用能力。

最重要的是，实践项目和案例分析。一些在线教育平台提供实践项目和案例分析，让学习者将所学知识应用于实际情境中。这些活动可以帮助学习者锻炼问题解决和应用能力，并加深对知识的理解。

学习者可以根据自己的学习需求和学习风格，选择合适的学习材料进行学习。他们可以根据自己的节奏和兴趣，自主选择学习材料并进行学习计划的安排。同时，学习者还可以结合其他学习资源，如教学视频、在线讨论板和交互式学习工具等，形成更加综合和多样化的学习体验。

在线教育资源的丰富性和灵活性为学习者提供了广泛的学习选择和自主学习的机会。学习者可以根据自己的学习需求和目标，利用这些学习材料进行系统学习、巩固知识和拓展应用能力。

### （四）在线讨论和社区

在线教育平台通常提供学习者之间的交流和讨论功能，学习者可以通过在线论坛、讨论板或社交媒体群组等形式，与其他学习者和教师进行交流、分享经验和解决问题。

首先，在线论坛和讨论板。在线教育平台通常提供论坛或讨论板功能，学习者可以在这些平台上发表帖子、提问问题、回答他人的问题，与其他学习者进行交流和讨论。这种形式的交流可以帮助学习者扩宽视野、分享经验、解决问题，并且促进学习社区的形成。

其次，社交媒体群组。一些在线教育平台也与社交媒体平台结合，提供群组功能，学习者可以加入特定的群组，与感兴趣的学习者和教师进行交流和讨论。这种形式的交流更加便捷和灵活，学习者可以通过社交媒体平台上的消息、聊天和评论功能进行实时的交流和互动。

此外，实时在线会议。一些在线教育平台提供实时在线会议的功能，学习者可以与教师和其他学习者进行视频会议或音频会议，进行实时的讨论、解答疑问和合作学习。这种形式的交流能够更好地模拟传统课堂的互动和讨论环境，促进学习者之间的合作和知识共享。

通过这些交流和讨论的形式，学习者可以与其他学习者和教师建立联系，分享学习经验和见解，共同解决问题和面对挑战。这种学习者之间的互动和合作能够激发创造性思维、促进深层次的学习，并且提供支持和鼓励，增强学习者的学习动力和学习效果。

另外，教师也可以通过这些交流和讨论的平台与学习者进行互动和指导，回答他们的问题、提供反馈和建议，个性化地支持他们的学习进程。教师的参与和指导可以帮助学习者更好地理解知识、解决问题，并提供进一步的学习资源和引导。

在线教育平台提供的交流和讨论功能为学习者创造了丰富的学习社区和合作学习的环境，促进了学习者之间的互动、合作和知识共享，增进了学习者的学习效果和成长。

## （五）自主学习工具

在线教育资源还提供各种自主学习工具，如在线测验、练习题和学习进度跟踪等。学习者可以通过这些工具进行自我评估和监控学习进展，帮助他们了解自己的学习情况并进行调整和改进。

首先，在线测验和考试。在线教育平台通常提供在线测验和考试的功能，学习者可以通过完成这些测验和考试来评估自己对知识的理解和掌握程度。这些测验和考试可以覆盖课程的不同主题和难度级别，帮助学习者发现自己的学习差距，并确定需要重点复习和强化的内容。

其次，练习题和作业。在线教育资源还提供练习题和作业，学习者可以通过完成这些练习题和作业来巩固和应用所学知识。练习题和作业可以帮助学习者检验自己的理解和应用能力，发现并解决存在的问题和困难。

第三，学习进度跟踪和学习分析。在线教育平台通常会提供学习进度跟踪和学习分析的功能，学习者可以随时了解自己的学习进展和学习活动。通过查看学习进度和学习分析报告，学习者可以得知自己的学习时间分配、学习效果以及弱势领域，从而制定更有效的学习计划和策略。

这些自主学习工具为学习者提供了自我评估和自我管理的机会。学习者可以根据自己的学习需求和进展情况，灵活地选择和使用这些工具。通过自主学习工具，学习者能够自我监控学习进展，找出自己的学习弱点，并采取相应的措施来改进学习策略和提高学习效果。

此外，教师也可以通过学习者使用自主学习工具的数据和反馈信息，对学习者的学习进行评估和指导。教师可以根据学习者的学习进展和成绩，提供个性化的指导和支持，帮助他们克服学习障碍，加强自主学习能力，并取得更好的学习成果。

自主学习工具在在线教育资源中起到了重要的作用，能够帮助学习者进行自我评估和自我管理，提高学习效果和学习动力。通过在线测验和考试，学习者可以了解自己对知识的掌握程度，并及时调整学习策略。练习题和作业能够巩固学习内容，并提供实践和应用的机会。学习进度跟踪和学习分析则帮助学习者了解自己的学习行为，以帮助学习者进行自我评估和监控学习进展。

## （六）开放教育资源

开放教育资源是一种以开放授权方式发布的教育资源，其目的是为学习者提供自由获取、使用和分享的教育内容。这些资源可以包括开放课程、教学材料、学术论文、教学视频、习题集等多种形式的教育资源。

开放教育资源的一个重要特点是学习者可以自由获取和使用这些资源。与传统教育资源相比，开放教育资源不受时间和地域的限制，学习者可以通过互联网免费获取到丰富多样的教育内容。这使得学习者能够灵活地选择自己感兴趣的主题，根据自己的学习需求进行自主学习。

开放教育资源涵盖了广泛的学科领域和主题，包括科学、技术、工程、数学、人文社科等。学习者可以在开放教育资源中找到适合自己的学习材料和课程，无论是深入学习某个领域的专业知识，还是探索兴趣爱好的课程，都能够找到合适的资源。

开放教育资源鼓励学习者之间的协作与共享。学习者可以通过开放教育资源平台，与其他学习者、教育者和专家进行交流和合作。他们可以分享学习心得、解答疑问、合作项目，通过互动与合作获得更丰富的学习经验。

开放教育资源的开放授权使得这些资源能够被广泛地使用和再利用，从而促进了教育资源的可持续发展。教育者可以将自己的教学材料和课程以开放授权的形式发布，与其他教育者共享自己的教育成果。这种共享和再利用的模式有助于提高教育资源的质量和多样性，促进教育的创新和进步。

此外，开放教育资源的免费获取和使用使得学习机会得到了拓展，并且有助于普及教育。无论是在发展中国家还是在教育资源有限的地区，学习者都可以通过开放教育资源获得高质量的教育内容。开放教育资源为那些无法获得传统教育机会的人们提供了学习的平台和资源，有助于缩小教育差距，推动教育的普及和包容性。

开放教育资源不仅为学生提供学习机会，也为职业人士提供了持续学习和职业发展的机会。通过开放教育资源，职业人士可以灵活地选择适合自己需求的专业培训课程和学习资料，提升自己的专业能力和职业竞争力。

同时，开放教育资源也为教育研究和创新提供了宝贵的资源和数据。研究人员可以借助开放教育资源分析学习者的行为和学习效果，探索教育的最佳实践和教学方法。同时，教育创新者可以通过开放教育资源开发新的教育工具和方法，推动教育领域的创新和进步。

总之，开放教育资源为学习者提供了自由获取、使用和分享的教育内容，促进了教育资源的可持续发展，拓展了学习机会与普及教育，推动了持续学习和职业发展。通过开放教育资源，学习者可以根据自己的需求进行自主学习，拓宽知识领域，提升个人能力，进一步实现个人和社会的发展。

### （七）在线实验和模拟

实验室模拟和虚拟实验室是在线教育平台中的一种重要资源，它们提供了一种交互式和实践性的学习环境，使学习者能够进行实验操作和实践活动，从而加深对理论知识的理解和应用。

通过实验室模拟和虚拟实验室，学习者可以在虚拟环境中进行实验操作，模拟真实实验室的场景和过程。这些模拟可以涵盖各种学科领域，如科学、工程、医学等，为学习者提供一个安全、实践性的学习平台。学习者可以根据教学指导或自己的兴趣，选择实验项目并进行相关操作，观察实验现象和结果，深入理解相关理论和概念。

实验室模拟和虚拟实验室提供了丰富多样的实验资源，涵盖了各种实验类型和主题。学习者可以选择他们感兴趣的实验项目，并根据自己的学习需求进行实验操作。这些资源通常包括实验指导、操作步骤、实验设备和材料，以及实验结果的记录和分析。学习者可以根据实验结果进行思考和讨论，进一步加深对理论知识的理解。

实验室模拟和虚拟实验室为学习者提供了灵活的学习体验。学习者可以根据自己的时间和地点选择进行实验操作，不再受限于传统实验室的时间和地点限制。此外，学习者可以根据自己的学习进度和兴趣进行实验操作，反复尝试和实践，加深对知识的理解和掌握。

此外，实验室模拟和虚拟实验室不仅帮助学习者理解和应用理论知识，还可以培养实验技能和科学思维。学习者在实验操作中可以学习实验技巧和实验方法，掌握数据采集和分析的技能，培养观察、推理和实验设计的能力。这些能力对于学习者在科学研究、工程实践和医学领域等的发展和职业发展具有着重要意义。

实验室模拟和虚拟实验室可以帮助学习者复现和演示特定的实验。学习者可以通过实验模拟软件或在线平台，按照指定的步骤和条件进行实验，重现已有的实验结果。这有助于学习者深入理解实验原理和过程，同时也提供了自主学习和实验设计的机会。

另外，实验室模拟和虚拟实验室的在线性质使得学习者可以跨越地域限制，参与到来自世界各地的实验项目中。学习者可以与其他学习者和教师进行合作，分享实验数据、结果和经验，共同探索科学问题和解决方案。这种跨地域的学习机会为学习者提供了更广阔的视野和合作机会。

最后，实验室模拟和虚拟实验室作为开放教育资源，鼓励资源共享和开放创新。教育机构、教师和学习者可以共享自己开发的实验模拟软件和虚拟实验平台，为其他学习者提供更多学习机会和资源选择。同时，这也促进了创新和改进，不断推动实验教学的发展和提高。

实验室模拟和虚拟实验室作为在线教育资源的一部分，为学习者提供了丰富的实践和应用机会。它们通过模拟实验环境和提供实验资源，帮助学习者深入理解和应用理论知识，培养实验技能和科学思维，提供灵活的学习体验，并促进资源共享和开放创新。这些资源为学习者提供了更广阔的学习机会和丰富的学习体验，有助于提高他们的学习效果和实践能力。

## （八）进修和继续教育

在线教育资源也为那些希望继续学习和进修的人提供了进修和继续教育的机会。无论是职场人士希望提升职业技能，还是个人追求终身学习，都可以通过在线教育资源选择适合自己的进修课程和培训项目，不受时间和地点的限制。

首先，灵活性和自主性。在线教育资源允许学习者根据自己的时间安排和学习节奏选择课程和学习内容。无论是全日制工作的职场人士还是家庭主妇，都可以根据自身的需求和兴趣，选择合适的课程进行学习，而不受时间和地点的限制。这种灵活性使得继续学习与日常工作、家庭生活更好地结合，提供了自主学习的机会。

其次，职业发展和提升。在线教育资源为职场人士提供了职业发展和提升的机会。他们可以选择与自己职业相关的课程，学习新的技能和知识，提升自己的专业素养和竞争力。在线教育平台通常提供与行业认可和证书相关的课程，学习者可以通过完成这些课程获得权威的证书和资质，为自己的职业发展打下坚实的基础。

此外，终身学习和个人兴趣。在线教育资源满足了那些追求终身学习和个人兴趣的人的需求。学习者可以选择各种各样的课程，从学术知识到艺术、兴趣爱好等多个领域。他们可以根据自己的兴趣和好奇心，探索和学习新的领域，丰富自己的知识和技能，实现个人成长和全面发展。

最后，资源丰富和多样化。在线教育资源提供了丰富多样的学习内容和资源，包括教学视频、电子书籍、练习题、案例分析等。学习者可以根据自己的学习风格和喜好选择适合自己的学习材料和资源。在线教育平台还经常与各大高校、专业机构和行业合作，提供权威的教育资源和专家教师的指导，保证学习的质量和有效性。

在线教育资源为希望继续学习和进修的人提供了便利和机会。无论是职业发展还是个人兴趣，无论是追求专业技能的提升还是兴趣爱好的培养，在线教育资源都能满足学习者的多样化需求。通过在线教育资源，学习者可以获得高质量的教育资源和学习机会，提升自己的知识水平、技能能力和综合素养。

另外，在线教育资源还提供了与其他学习者和教师进行交流和合作的平台。学习者可以参与在线讨论、协作项目和学习群组，与来自世界各地的学习者和专业教师互动交流，共同探讨问题、分享经验和解决挑战。这种社交互动的学习环境为学习者提供了广泛的学习网络和资源，拓展了他们的视野和学习机会。

在线教育资源的开放性和普惠性使得教育不再受制于时间和地点的限制，人们可以随时随地通过互联网接触到丰富的学习资源。这种开放教育的理念促进了教育的民主化和普及化，为全球范围内的学习者提供了平等的学习机会。无论是发展中国家还是发达国家，学习者都能够充分利用在线教育资源，获得高质量的教育，实现个人成长和社会发展。

总之，在线教育资源和开放教育的出现为学习者提供了便捷、灵活和多样化的学习途径。通过充分利用在线教育资源，学习者可以根据自己的需求和兴趣进行学习，提升个人能力和知识水平，实现个人发展和职业成功。同时，开放教育的理念也为教育的普及和全球范围内的学习机会做出了积极贡献。

### （九）共享教育资源

开放教育的一个重要概念是共享教育资源。教育机构和教师可以将自己的教学资源分享到开放平台上，使更多的学习者可以免费或低成本地获取这些资源，促进教育资源的共享和普及。

通过共享教育资源，教育变得更加包容和普及。传统教育资源往往受到地理、经济和时间的限制，而共享教育资源的出现打破了这些限制，使得教育资源能够跨越地域和社会经济差异，为更多人提供教育机会。无论是来自发达国家还是发展中国家，学习者都可以通过共享教育资源获得高质量的学习材料和课程内容，实现个人学习和职业发展。

共享教育资源的好处不仅限于学习者。教育机构和教师也可以从中受益。教育机构可以扩大自己的影响力和知名度，吸引更多学习者参与他们的课程和项目。教师可以与其他教师分享教学经验和教学资源，相互借鉴和学习，提升教学质量和效果。

共享教育资源也推动了教育的创新和发展。通过开放平台的共享和交流，教育者可以了解其他教育机构和教师的最新教学理念、方法和实践，促进教育的创新和改进。同时，共享教育资源也为个性化学习和自主学习提供了更多可能性，学习者可以根据自己的兴趣和需求选择和定制学习资源，提高学习效果和满足个性化学习需求。

然而，共享教育资源也面临一些挑战和问题。其中之一是资源质量的保障，因为共享平台上的资源多样性很大，质量参差不齐。教育机构和教师需要确保所分享的资源具有一定的教育价值和可靠性。此外，知识产权和版权问题也需要妥善解决，以保护教育资源的创作者和权益。

共享教育资源是开放教育的重要组成部分，它通过促进教育资源的共享和普及，为更多学习者提供平等的学习机会。共享教育资源不仅扩大了学习者的学习范围和选择，也推动了教育的创新和发展。通过共享教育资源，教育机构和教师可以分享自己的教学经验和教育成果，从而提升整个教育领域的质量和效果。

## （十）在线认证和学位

一些在线教育平台提供在线认证和学位课程，学习者可以通过完成指定的课程和考试，获得学分和学位证书。这为学习者提供了在职场竞争中展示自己技能和知识的机会。

首先，灵活性和自主学习。在线认证和学位课程通常采用异地和异步学习的方式，学习者可以根据自己的时间和地点灵活安排学习。他们可以根据自己的进度和兴趣选择课程，并通过在线学习平台进行学习。

其次，实用性和职业发展。在线认证和学位课程通常注重实用性和职业导向，提供与当前就业市场需求相匹配的课程内容和技能培养。学习者可以通过这些课程学习和掌握实际应用的知识和技能，提升自己在职场竞争中的竞争力。

此外，考核和评估机制。在线认证和学位课程往往设有相应的考试和评估机制，以确保学习者对所学内容的掌握和理解。学习者需要参加在线考试或提交作业等形式的评估，通过合格后才能获得学分和相应的学位证书。

在线认证和学位课程由知名教育机构或合作伙伴提供，其学位证书具有一定的可信度和认可度。这些学位证书在就业市场中具有一定的价值和权威性，能够帮助学习者在职业发展中取得竞争优势。

最后，持续学习和终身学习。在线认证和学位课程提供了学习者持续学习和终身学习的机会。学习者可以随时选择适合自己的课程，进行专业知识的深入学习和更新。他们可以不断积累学分和学位，提升自己的知识储备和学术水平。

需要注意的是，尽管在线认证和学位课程提供了方便和灵活的学习方式，但对于某些专业领域或特定职业，仍然可能需要通过传统教育机构的学位课程获得相应的学位。此外，学习者在选择在线认证和学位课程时，也应注意选择有良好声誉和认可度的在线教育平台和课程提供者，以确保所学习到的证书和学位具有一定的价值和认可度。

总的来说，在线教育资源和开放教育提供了丰富的学习内容和学习机会，使学习者能够根据自己的需求和兴趣进行自主学习，并通过各种工具和平台与其他学习者和教师进行交流和合作。这为人们提供了便捷灵活的学习方式，推动了教育的普及和个人的终身学习。

## 二、在线教育资源和开放教育的价值意义

在线教育资源和开放教育的价值意义是无处不在的。通过利用互联网和数字技术，这些教育形式不仅扩大了教育的边界，也提供了更多人们获取高质量教育的机会。

### （一）广泛的学习机会

在线教育资源和开放教育为学习者提供了广泛的学习机会，无论他们身处何地，无论是在学校、职场还是家庭，都能够获得高质量的教育资源。这为那些没有传统教育机会或受限于时间和地点的学习者打开了学习之门。

首先，在线教育资源和开放教育可以跨越地理界限。学习者可以通过互联网在全球范围内访问各种教育资源和课程，无论他们身处何地。这意味着即使生活在偏远地区或教育资源匮乏的地方，学习者也能够获取到高质量的教育内容，与全球优秀的教育机构和教师进行学习交流。

其次，在线教育资源和开放教育可以克服时间限制。传统教育通常需要学习者按照固定的时间表参加课堂授课，而这对于有工作、家庭责任或其他时间约束的人来说可能是困难的。而在线教育资源和开放教育提供

了灵活的学习方式，学习者可以根据自己的时间安排自主学习，随时随地进行学习，有效利用碎片化的时间进行知识获取和技能提升。

此外，在线教育资源和开放教育还能够克服资源稀缺的问题。传统教育中，教材、图书和学习资源的获取可能受到限制，学习者面临着获取适当教材的难题。而在线教育资源和开放教育通过提供大量的免费或低成本的学习资源，使得学习者可以更加便捷地获取所需的教育资源，拓宽知识的边界。

在线教育资源和开放教育的广泛学习机会为学习者提供了迈向成功和成长的机会，无论其所处的背景、地理位置和时间约束如何。这种开放和包容的学习环境能够促进个人的自主学习和终身学习，让更多的人能够实现自己的学习目标和追求知识的愿望。

## （二）灵活的学习方式

在线教育资源和开放教育的灵活学习方式为学习者提供了极大的自主学习机会。传统教育通常依赖于固定的学习时间和地点，学习者需要按照教师和学校的安排参加课堂授课。然而，在线教育资源和开放教育改变了这种模式，给学习者带来了许多自主学习的优势。

首先，学习者可以根据自己的节奏进行学习。在线教育资源提供了大量的学习内容和课程，学习者可以根据自己的学习进度和时间安排选择适合自己的学习内容。他们可以自由决定学习的速度，可以加快学习进度，也可以在需要的时候进行复习和巩固。这种个性化的学习方式使学习者能够更好地掌握知识，提高学习效果。

其次，学习者可以根据自己的兴趣选择学习内容。在线教育资源提供了多样化的课程和学习领域，涵盖了学术知识、职业技能和兴趣爱好等各个方面。学习者可以根据自己的兴趣和需求，在这些领域中选择感兴趣的课程进行学习。这种自主选择的学习方式增加了学习的动力和乐趣，使学习过程更具有激发内在动力的特点。

此外，学习者可以随时随地进行学习。在线教育资源和开放教育利用互联网的普及和数字化技术的发展，学习者只需要一个可以连接互联网的设备，就能够随时随地获取学习内容。无论是在家中、工作场所还是旅途中，学习者都可以利用碎片化的时间进行学习，提高学习的效率和便捷性。

在线教育资源和开放教育的灵活学习方式为学习者提供了自主学习的机会。学习者可以根据自己的节奏和兴趣选择学习内容，并在任何时间和地点进行学习。这种灵活性不仅提高了学习者的学习效果和效率，还培养了学习者的自主学习能力和自我管理能力，为他们的个人发展和职业成功奠定了坚实的基础。

### （三）提升职业竞争力

在线教育资源和开放教育的兴起为学习者提供了丰富的职业培训和技能提升机会。传统的教育形式存在一些限制，例如地理位置限制、时间限制和学费高昂等，而在线教育的出现消除了这些限制，为学习者提供了更加灵活和便捷的学习途径。

首先，在线教育资源提供了广泛的课程选择。学习者可以根据自己的兴趣和需求选择各种在线课程和培训项目。无论是职业技能、学术知识还是创新创业等方面，都能找到适合自己的学习资源。这种多样性和灵活性使得学习者能够根据自己的实际需求进行学习，提升自己在特定领域的专业技能。

其次，在线教育提供了自主学习和自主管理学习进度的机会。学习者可以根据自己的时间安排，自主选择学习的内容和学习的进度。这种自主学习的方式能够培养学习者的自主学习能力和时间管理能力，使其更好地适应职业发展的需要。

另外，在线教育资源通常提供了互动和协作学习的机会。学习者可以通过在线平台与其他学习者进行讨论和交流，分享学习心得和经验。这种互动和协作学习的方式有助于学习者深入理解知识，并从不同的视角和经验中获得启发和思考。

此外，在线教育还能够根据就业市场的需求提供及时更新的职业培训。随着技术的不断发展和职业需求的变化，许多行业和职位的技能要求也在不断演变。在线教育平台可以根据市场需求及时推出新的课程和培训项目，帮助学习者跟上时代的步伐，提升自己在就业市场中的竞争力。

在线教育资源和开放教育为学习者提供了更多选择和机会，帮助他们获得实用的职业技能，提升自己在就业市场中的竞争力。通过在线课程和培训项目，学习者能够灵活学习、自主管理学习进度，并与其他学习者进行互动和协作学习。

## （四）普及教育资源

开放教育的理念是指教育资源的共享和普及，以促进更广泛的学习者能够获得高质量的教育。这种共享的精神有助于打破传统教育中的地理和经济限制，使得教育资源更加平等地分布和获取。

首先，开放教育通过教育资源的共享来扩大学习的范围。传统教育往往局限于特定的地理区域，限制了学习者的选择和机会。而开放教育通过在线平台和数字化技术，将教育资源从传统的教室和学校延伸到全球范围。教育机构和教师可以将他们的课程、教材和学习资源上传到在线平台，使得学习者无论身在何处都能够自由地访问和学习这些资源。这样的共享模式消除了地理限制，让更多人能够接触到丰富的教育内容。

其次，开放教育提供了更加灵活和个性化的学习方式。传统教育往往采用一种标准化的教学模式，学生们被迫按照相同的节奏和教学计划学习。而开放教育允许学习者根据自己的兴趣、需求和学习节奏来选择学习内容和学习方式。学习者可以自主选择感兴趣的课程，根据自己的时间和能力进行学习，并根据自己的学习进度来管理学习过程。这种个性化的学习方式有助于激发学习者的主动性和积极性，提高学习效果和满意度。

另外，开放教育也鼓励教育资源的协作和共同创作。在开放教育的平台上，教育机构、教师和学习者之间形成了一个开放的学习社群。教师和学习者可以互相交流、分享知识和经验，共同探讨问题和解决挑战。教师可以从学习者的反馈和讨论中获得更多的反馈和启发，不断改进教学内容和方法。同时，学习者之间也可以互相学习和合作，共同提高学习成果。

开放教育的理念通过教育资源的共享和普及，推动了教育的普及和平等。通过教育资源的共享，开放教育使得教育不再受限于地理和经济条件，让更多人都能够获得高质量的教育。这对于那些居住在偏远地区或经济条件相对困难的人来说尤为重要，他们可以通过在线平台获得与其他地区和更好经济状况下的学习者同等的学习机会。

### （五）教育创新与改进

在线教育资源和开放教育为教育创新提供了平台和机会。教育者可以通过在线教育平台了解和借鉴其他教育者的教学理念和实践经验，促进教育的创新和改进，提高教学质量和学习成果。

首先，共享最佳实践。在线教育平台为教育者提供了共享最佳实践的机会。教育者可以在平台上与其他教育者交流和分享自己的教学方法、策略和资源。这种知识共享促进了教育者之间的合作和合作，使他们能够从彼此的经验中学习和借鉴。通过了解其他教育者的成功案例和创新实践，教育者可以启发自己的教学思路，提高自己的教学质量。

其次，教育研究和实验。在线教育平台为教育研究和实验提供了一个便捷的平台。教育者可以在平台上进行实验性的教学活动，并收集数据和反馈。通过分析这些数据和反馈，教育者可以评估自己的教学方法的有效性，并进行必要的改进。此外，在线教育平台还提供了一个广泛的学习者群体，教育者可以在这个群体中进行实验和研究，了解不同学习者的需求和反应，从而更好地适应多样化的学习环境。

此外，创新教学工具和技术。在线教育资源和平台不仅提供了教学内容，还提供了丰富的教学工具和技术。教育者可以利用这些工具和技术来创新教学方法和形式，提供更具吸引力和互动性的学习体验。例如，虚拟现实、增强现实和协作工具等技术可以被应用于在线教育中，创造出更具沉浸感和互动性的学习环境。通过利用这些创新的教学工具和技术，教育者可以提高学习者的参与度和学习效果。

最后，反馈和评估。在线教育平台提供了即时的反馈和评估机制，教育者可以根据学习者的表现和反馈进行教学的调整和优化。学习者可以通过在线平台与教育者进行交流和互动，提出问题并向教育者寻求反馈。教育者可以根据学习者的问题和反馈，及时调整教学内容和方法，以更好地满足学习者的需求。此外，在线教育平台还提供了学习者学习成果的评估和跟踪机制，教育者可以通过这些数据来评估学习者的学习进展和成果，为他们提供个性化的指导和支持。

在线教育资源和开放教育为教育创新提供了丰富的

平台和机会。教育者可以通过共享最佳实践、进行教育研究和实验、利用创新教学工具和技术以及获取及时的反馈和评估来不断改进和创新教学。这些创新努力有助于提高教学质量和学习成果，推动教育领域的发展和进步。

### （六）终身学习和个性化学习

在线教育资源和开放教育支持终身学习和个性化学习。学习者可以根据自己的兴趣和需求选择学习内容，并在自己的学习进程中进行灵活的调整和定制，实现个性化的学习路径和目标。

首先，终身学习机会。在线教育资源和开放教育提供了灵活的学习机会，使学习者能够随时随地进行学习。不再受限于传统教育机构的时间和地点限制，学习者可以根据自己的兴趣和需求选择适合自己的学习课程和项目。无论是在职人士、创业者还是退休人员，他们都可以利用在线教育资源进行终身学习，不断提升自己的知识和技能，适应不断变化的社会和职业需求。

其次，个性化学习路径。在线教育资源和开放教育允许学习者根据自己的兴趣和学习节奏进行个性化学习。学习者可以根据自己的目标和需求，选择自己感兴趣的课程和领域进行深入学习。他们可以自主决定学习的速度和学习的内容，根据自己的理解和掌握程度进行调整和定制。个性化学习路径使学习者能够更加专注于自己感兴趣的领域，更高效地学习和提高自己的技能。

最重要的是，自主学习和自我管理。在线教育资源和开放教育培养学习者的自主学习能力和自我管理能力。学习者在在线学习中需要自己组织学习时间、制定学习计划，并负责管理自己的学习进程。他们需要学会自主学习、自我激励和自我评估，培养自主学习的习惯和技能。这些能力对于终身学习至关重要，使学习者能够在不断变化的学习环境中适应和发展。

此外，在线教育资源和开放教育提供了丰富多样的学习资源和学习方式，满足不同学习者的需求。学习者可以通过在线课程、教学视频、电子书籍、在线讨论和实践项目等多种学习资源进行学习。同时，他们可以选择适合自己的学习方式，例如自主学习、协作学习、项目学习等。多样化的学习资源和学习方式使学习者能够根据自己的学习偏好和学习风格选择适合自己的学习体验，提高学习的效果和乐趣。

在线教育资源和开放教育支持终身学习和个性化学习。学习者可以根据自己的兴趣和需求选择学习内容，并在学习过程中进行灵活的调整和定制。他们可以根据自己的学习节奏和理解能力进行学习，培养自主学习能力和自我管理能力。同时，多样化的学习资源和学习方式为学习者提供了丰富的学习选择，使他们能够个性化地进行学习，实现自身的学习目标和职业发展。在线教育资源和开放教育的发展为终身学习提供了更大的便利性和灵活性，推动了学习者的自我发展和持续成长。

## （七）社会包容和公平性

在线教育资源和开放教育的另一个重要价值和意义是社会包容和公平性。

首先，在线教育资源和开放教育通过互联网的普及性，消除了地理限制。学习者不再需要身处特定地点才能获取高质量的教育资源，无论他们身处城市还是偏远地区，都可以通过在线平台获得优质的学习机会。这种无论地域大小的平等访问，减少了地理位置对教育资源和机会的不平等影响，提高了社会的包容性。

传统教育往往需要学生支付高昂的学费和其他费用，这使得教育机会对于经济条件较差的学生来说变得难以承担。而在线教育资源和开放教育大大降低了教育的经济门槛。学习者可以通过免费或低成本的在线课程和资源获得知识和技能，减轻了经济负担，使更多人能够获得教育机会。这有助于打破经济条件对教育机会的限制，提高社会的公平性。

此外，在线教育资源和开放教育注重个体差异，提供个性化学习的机会。学习者可以根据自己的学习需求和能力定制学习路径，并在自己的学习进程中进行调整和个性化。这种关注个体差异的教育方式，使得不同背景、不同学习能力的学习者都能够在公平的基础上获得适合自己的教育资源和学习支持。

同时，在线教育资源和开放教育能够吸引来自不同国家、文化和背景的学习者参与学习。学习者可以与来自世界各地的其他学生和教育者进行互动和合作，分享彼此的经验和观点。这种多样化的学习者群体促进了不同文化间的相互理解和交流，扩大了学习者的视野，增强了社会的包容性和公平性。

在线教育资源和开放教育在社会包容和公平性方面具有重要的价值和意义。通过消除地理限制、降低经济门槛、关注个体差异和吸引多样化的学习者群体，在线教育资源和开放教育为社会创造了更加包容和公平的学习环境。它们为那些在传统教育体系中可能面临不平等待遇的人群提供了平等的机会，无论是因为地理位置、经济条件、残疾、文化背景还是其他因素，都能够获得高质量的教育资源和学习机会。

在线教育资源和开放教育通过提供广泛的学习机会、灵活的学习方式、职业竞争力的提升、教育创新与改进、终身学习和个性化学习以及社会包容和公平性等方面的价值和意义，推动了教育的发展和进步，为更多人提供了平等和可持续的教育机会。

# 第三节　教师角色与技能的转变

随着在线教育和开放教育的快速发展，教师的角色正在经历重要的转变。传统上，教师主要是知识的传授者和班级管理者，但现代教育的趋势要求教师具备更多的技能和能力，以适应不断变化的学习环境和学生的需求。教师不再是单向传授知识的权威，而是成为学习的引导者、合作伙伴和学习者的支持者。为了适应这一新的角色，教师需要发展和提升一系列新的技能和能力。

教师角色与技能的转变对于现代教育的成功和学生的综合发展具有重要的意义。

## 一、引导学习者的自主学习能力

传统上，教师主要是知识的传授者，学生被动地接受知识。然而，现代教育强调学生的自主学习能力和主动参与。教师的角色是引导学生主动探索和构建知识，培养他们的自主学习能力。教师需要具备激发学生学习兴趣、指导他们学习方法和技能的能力，以及提供支持和反馈的能力。这种转变的重要性在于培养学生的学习动力、自我管理和批判性思维，使他们能够在学习和生活中持续成长。

首先，培养学生的学习动力是教师角色转变的重要目标之一。传统的教学模式往往将学生置于被动的接受者角色，缺乏主动参与和学习动力。然而，现代教育强调激发学生的学习兴趣和动力，使他们成为主动的学习者。教师通过激发学生的好奇心、探索欲望和求知欲，引导他们主动参与学习过程。教师需要了解学生的兴趣和需求，设计吸引人的学习活动和任务，以激发学生的学习动力和自主性。这种转变能够激发学生的学习兴趣，增强他们的主动性和积极性，提高学习的效果和成果。

其次，教师的角色转变对学生的自我管理和批判性思维的培养至关重要。现代社会要求人们具备自我管理的能力，包括目标设定、时间管理、自我评估和反思等。教师在转变的过程中扮演着指导者和支持者的角色，教授学生学习方法和技能，并提供反馈和指导。通过培养学生的自主学习能力，教师帮助他们学会自我管理和组织学习，提高学习效率和成果。此外，教师还需要鼓励学生批判性思维的发展，培养他们的分析、评估和解决问题的能力。通过引导学生提出问题、挑战现有观点和进行逻辑推理，教师能够培养学生的批判性思维和创新能力，使他们能够独立思考和做出明智的决策。

最后，教师角色转变的重要性在于学生在学习和生活中的持续成长。传统的教育模式往往注重知识的传授，但现代教育更注重学生的综合发展和终身学习能力的培养。教师作为学习的引导者，应该帮助学生建立学习的基础和习惯，培养他们的学习策略和技能，使他们能够在不断变化的环境中适应和应对各种学习需求。教师通过教授学习方法、提供学习资源和指导学生制定个性化的学习计划，帮助他们建立起终身学习的意识和能力。这种转变能够培养学生的学习动力和自主性，使他们能够在学习和生活中持续成长，并适应不断变化的社会和职业需求。

教师角色与技能的转变对于培养学生的学习动力、自我管理和批判性思维，以及实现学生的持续成长具有重要的意义。教师的新角色是引导学生主动探索和构建知识，培养他们的自主学习能力，并提供支持和反馈。这种转变能够激发学生的学习兴趣，增强他们的主动性和积极性，提高学习效果和成果。同时，教师还能够培养学生的自我管理和批判性思维，使他们能够独立思考和解决问题。最重要的是，教师的角色转变能够帮助学生在学习和生活中持续成长，并适应不断变化的社会和职业需求，成为具有终身学习能力的综合发展的个体。

## 二、促进合作与协作能力

现代社会强调团队合作和协作的重要性。教师的角色是培养学生的合作与协作能力，使他们能够在团队中有效地合作、共同解决问题。教师需要具备组织合作活动、促进团队合作和培养沟通技巧的能力。通过鼓励学生之间的互动、协作和分享，教师可以培养学生的团队合作精神、领导能力和解决问题的能力。

首先，教师可以通过组织合作活动来培养学生的团队合作能力。这些活动可以包括小组项目、团队任务和角色扮演等。教师可以设立具体的目标和任务，鼓励学生在小组中合作、协商和分工，共同完成任务。通过这样的活动，学生可以学会与他人合作、互相支持和协调彼此的能力。

其次，教师可以教授学生合作的技巧和策略。这包括沟通技巧、团队决策、问题解决和冲突管理等方面的技能。教师可以引导学生学习如何有效地传达和倾听，如何协商和达成共识，以及如何解决团队内部的冲突。这些技能不仅对学生在学校中的团队合作有益，而且对他们未来的职业和社会生活中的团队合作也至关重要。

此外，教师还可以通过促进学生之间的互动和交流来培养团队合作精神。教师可以设立鼓励合作的学习环境，鼓励学生互相学习、分享和支持。例如，通过小组讨论、合作项目和团队反馈等方式，学生可以共同思考和解决问题，相互学习和互相提供支持。这样的互动和交流可以培养学生的团队意识和合作精神，使他们能够积极参与团队活动并取得良好的合作成果。

最后，教师可以提供必要的支持和指导，帮助学生克服团队合作中的困难和挑战。教师可以担任咨询者和指导者的角色，提供必要的指导、反馈和建议。这包括对团队合作过程中的问题进行分析和解决，对学生的合作能力和贡献进行评估和反馈，以及提供必要的资源和工具来支持学生的团队合作。教师的支持和指导可以帮助学生克服合作中的困难和挑战，建立起有效的团队合作能力。

教师在培养学生的团队合作和协作能力方面具有重要的作用。通过组织合作活动、教授合作技巧、促进学生之间的互动和提供必要的支持与指导，教师可以培养学生出色的团队合作能力。这样的能力对学生的学习、职业和社会生活都至关重要。学生在团队合作中学会有效地与他人合作、沟通和解决问题，同时也培养了合作精神、领导能力和解决复杂问题的能力。通过教师的引导和支持，学生可以在团队中展现出协作能力，并取得积极的合作成果，为他们的未来成功奠定坚实的基础。

## 三、培养创新与创造力

随着社会的快速变化，创新与创造力变得至关重要。教师的角色是激发学生的创新思维和创造能力，鼓励他们勇于尝试、独立思考和解决问题。教师需要提供创新的学习环境和实践机会，培养学生的创新意识和创造性思维。通过引导学生的实践探索、提供挑战和支持，教师可以帮助学生培养创新精神、解决现实问题的能力，并为未来的职业成功做好准备。

首先，教师可以提供创新的学习环境和实践机会。这意味着创造一个积极的学习氛围，鼓励学生提出问题、挑战传统思维，并寻求新的解决方案。教师可以设立开放的学习环境，鼓励学生进行自主探索和实践。通过提供实践性的任务和项目，学生有机会将所学知识应用到实际情境中，培养创新思维和解决问题的能力。

其次，教师可以通过引导学生的实践探索来培养创新精神。教师可以引导学生进行实验、调查、研究等活动，鼓励他们进行观察、分析和提出新的见解。通过实践探索，学生可以培养敢于尝试、勇于创新的态度，并在解决问题的过程中培养创造性思维。

同时，教师需要提供挑战和支持，激发学生的创造力。教师可以设立有挑战性的任务和项目，鼓励学生思考和提出独特的解决方案。同时，教师也要提供必要的支持和指导，帮助学生克服困难和障碍，发展他们的创造力。通过鼓励学生尝试新思路、提供反馈和鼓励，教师可以帮助学生建立自信和勇气，勇于表达自己的创意。

教师还可以通过鼓励学生的合作与交流，促进创新和创造力的发展。合作与交流可以促进思维碰撞和观点的交流，激发创新思维和创造力的火花。教师可以组织小组讨论、团队项目和合作性学习活动，鼓励学生共享想法、倾听他人的观点，并通过合作解决复杂问题。

## 四、培养跨学科和终身学习能力

现代社会的挑战和问题往往是跨学科和复杂的。教师的角色是培养学生的跨学科思维和学科融合能力，使他们能够灵活运用多学科的知识和技能解决问题。教师需要具备跨学科知识的广度和深度，能够将不同学科的知识和概念融合在教学中。此外，教师还需要培养学生的终身学习能力，鼓励他们不断探索、学习和适应变化的知识和技能要求。教师通过示范和指导学习策略、资源的寻找和利用，以及自主学习的方法，帮助学生建立自我学习的能力和意愿，成为终身学习者。

首先，教师需要具备跨学科知识的广度和深度。他们应该熟悉不同学科的核心概念、理论和方法，并能够将这些知识融合在教学中。通过跨学科的教学方法，教师可以帮助学生理解不同学科之间的关系和相互作用，促进知识的整合和综合运用。例如，在解决环境问题时，教师可以结合生物学、地理学和政治学等学科知识，引导学生综合考虑环境保护、资源管理和政策制定等方面的问题。

其次，教师需要创造学习环境和活动，鼓励学生进行跨学科的思考和学习。教师可以组织跨学科的项目和任务，要求学生从不同学科的角度分析问题、提出解决方案。通过合作学习和小组讨论，学生可以分享各自的学科知识和观点，互相学习和启发，培养跨学科合作和思考的能力。

同时，教师还应该注重培养学生的终身学习能力。现代社会的知识和技能需求不断变化，学生需要具备自主学习的能力和意愿，不断探索、学习和适应新的知识和技能要求。教师可以示范和指导学习策略，教授学生如何寻找和利用学习资源，如何制定学习计划和目标，并通过提供反馈和指导，帮助学生建立自我学习的能力和意愿。教师还可以鼓励学生参与自主学习的活动，如阅读、研究项目、实践探索等，以培养他们的自主学习精神和能力。

## 五、促进跨文化理解和全球意识

全球化时代，跨文化理解和全球意识变得越来越重要。教师的角色是培养学生的跨文化意识和全球视野，使他们能够理解和尊重不同文化、价值观和观点。教师需要教授跨文化沟通和解决冲突的技能，开展国际交流与合作，引导学生思考全球问题和发展全球公民意识。通过引入多元文化的教学材料、组织国际交流项目和提供跨文化体验，教师可以帮助学生培养跨文化理解和全球意识的能力，为他们在国际舞台上成功发展奠定基础。

首先，教师可以通过引入多元文化的教学材料和教学方法来促进跨文化理解。教师可以使用具有不同文化背景的文学作品、历史案例、地理知识等教材，帮助学生了解各种文化的传统、价值观和习俗。通过多样化的教学资源，学生可以培养开放的心态，增加对不同文化的兴趣和理解。

其次，教师可以组织国际交流项目和活动，使学生有机会与来自其他国家和文化背景的学生交流。这种跨文化的交流可以帮助学生增强跨文化沟通和合作的能力，学会尊重和包容不同文化的观点和差异。通过与国际伙伴共同开展项目、合作解决问题，学生可以体验到多元文化的丰富性，并拓宽自己的视野。

教师还可以引导学生思考全球问题和发展全球公民意识。通过讨论全球性的社会、环境和经济问题，教师可以帮助学生认识到自己作为全球公民的责任和角色。教师可以引导学生关注全球问题的多样性和相互关联性，激发他们思考解决这些问题的方法和策略。这样的教育将使学生认识到自己所处的世界是一个相互关联的整体，鼓励他们积极参与全球事务，为构建一个更加和平、可持续和公正的世界做出贡献。

最后，教师可以提供跨文化体验，通过参观文化景点、举办国际文化节等方式，让学生亲身体验不同文化的特点和魅力。这样的体验可以帮助学生直接感受到不同文化的差异和相似之处，培养他们的文化敏感性和全球意识。

通过教师的引导和教育，学生可以培养跨文化理解和全球意识的能力，从而在国际舞台上成功发展。

总之，教师角色与技能的转变对于现代教育的成功和学生的综合发展至关重要。教师需要成为学习的引导者、合作伙伴、创新推动者和跨文化交流的促进者。他们的角色不仅是传授知识，还包括引导学生的自主学习、促进合作与协作、培养创新与创造力、培养跨学科和终身学习能力，以及促进跨文化理解和全球意识。这样的转变使教师能够更好地满足学生的学习需求，培养他们的综合能力，并为他们在未来的职业和社会生活中取得成功做好准备。

# 第五章 教育评估与数据分析

教育评估与数据分析是现代教育领域中不可或缺的一部分。随着教育体系的不断发展和改进，教育评估和数据分析提供了关键的信息和洞见，以评估学生的学习成果、教学质量和教育政策的有效性。这一领域的重要性日益凸显，因为教育机构和决策者越来越需要科学、客观和可靠的数据支持，以做出明智的决策和改进教育实践。

## 第一节 数字化教育评估的方法与工具

随着数字化教育的兴起，教育评估也逐渐向数字化方向发展。数字化教育评估方法和工具利用技术和数据分析的力量，为教育决策者提供更准确、全面和实时的评估结果。这些方法和工具不仅可以帮助教育机构评估学生的学习成果，还可以提供对教学过程和教育政策的深入洞察。

### 一、数字化教育评估的方法与工具的内容

数字化教育评估的方法与工具涵盖了多个方面，包括学生学习数据分析、在线测验和问卷调查、虚拟实验和模拟、自动化评分和反馈系统等。下面将对这些内容

进行详细阐述：

## （一）学生学习数据分析

数字化教育平台和工具可以收集和分析学生的学习数据，如学习行为、学习进度、答题情况等。通过对这些数据的分析，教育者可以了解学生的学习情况、弱点和需求，为他们提供个性化的学习支持和指导。学习数据分析还可以帮助教育者评估教学策略和课程设计的有效性，以及调整教学方法和资源的使用。

首先，学习行为分析。数字化教育平台可以追踪学生的学习行为，包括登录时间、学习时长、学习材料的访问量等。通过分析这些学习行为数据，教育者可以了解学生的学习参与度和学习习惯，例如是否积极主动地参与学习、是否按时完成作业等。这有助于教育者发现学生可能存在的学习问题，进而采取相应的教学策略和支持措施。

其次，学习进度跟踪。数字化教育平台可以记录学生的学习进度和完成情况。通过分析学生的学习进度数据，教育者可以了解每个学生在课程中的学习进展情况，是否存在学习滞后或加快的情况。这有助于教育者及时发现学生的学习困难并提供针对性的帮助，保证学生的学习进度和学习效果。

此外，答题情况分析。数字化教育平台可以记录学生在测验和作业中的答题情况，包括正确率、用时等。通过分析学生的答题情况，教育者可以了解学生对于不同知识点的掌握程度和理解深度。这有助于教育者发现学生的知识盲点和薄弱环节，为学生提供有针对性的辅导和指导。

最后，教学策略评估。通过分析学生的学习数据，教育者可以评估所采用的教学策略和课程设计的有效性。教育者可以根据学生的学习表现和数据分析结果，判断是否需要调整教学方法、资源的使用，以及是否需要对课程内容进行优化和改进。

数字化教育平台和工具提供了丰富的学习数据，通过数据分析可以帮助教育者更全面地了解学生的学习情况和需求，并提供个性化的学习支持和指导。这种个性化的教育方法可以更好地满足学生的学习需求，促进学生的学习成效和发展。同时，教育者可以通过学习数据分析来改进教学策略和课程设计，提高教学效果。

### （二）在线测验和问卷调查

数字化教育平台可以提供在线测验和问卷调查的功能，用于评估学生的知识掌握和技能水平，以及了解他们的学习体验和反馈。这些测验和调查可以根据学习目标和课程内容进行设计，以便收集客观和主观的评估数据。教育者可以根据这些数据来评估学生的学习成果和满意度，并根据结果做出相应的教学调整。

首先，知识和技能评估。通过在线测验，教育者可以评估学生对特定知识和技能的掌握程度。测验可以包括多种形式的题型，如选择题、填空题、解答题等，以全面评估学生的学习成果。这些测验可以根据学习目标和教学内容进行设计，涵盖不同的知识点和技能要求。教育者可以根据测验结果评估学生的学习成绩，并针对性地提供反馈和指导。

其次，学习体验评估。问卷调查是评估学生学习体验和反馈的常用工具。教育者可以设计问卷调查，询问学生对于课程内容、教学方法、学习资源等方面的看法和意见。通过分析学生的回答，教育者可以了解学生对教学活动的满意度、难易程度、兴趣程度等。这些反馈信息对于教育者改进教学和课程设计非常有价值，可以使教学更符合学生的需求和期望。

另外，教学调整和改进。通过在线测验和问卷调查的结果，教育者可以获取有关学生学习情况和反馈的数据。根据这些数据，教育者可以做出相应的教学调整和改进。例如，如果测验结果显示学生在某个知识点上普遍表现不佳，教育者可以重新解释该知识点或提供额外的学习资源。同样，通过分析问卷调查的结果，教育者可以根据学生的反馈意见，调整教学方法和教学资源，以提升学生的学习体验和效果。

数字化教育平台的在线测验和问卷调查功能提供了一种有效的评估学生学习成果和了解学生学习体验的方法。教育者可以根据测验结果评估学生的学习情况，针对性地提供反馈和指导。同时，通过问卷调查收集学生的反馈和意见，教育者可以了解学生对教学活动的看法和期望，以便做出相应的教学调整和改进。

### （三）虚拟实验和模拟

数字化教育平台可以提供虚拟实验和模拟环境，让学生在虚拟的情境中进行实验和探索。这些虚拟实验和模拟可以帮助学生在安全、便捷的环境中进行实践，加深对理论知识的理解和应用能力的培养。同时，教育者可以通过对学生在虚拟环境中的表现和结果进行评估，来了解他们的实验技巧和问题解决能力。

通过虚拟实验和模拟环境，学生可以在数字化平台上进行实际操作和探索。这些虚拟实验可以模拟真实的实验环境，让学生进行观察、测量、数据收集等实验过程，并进行相应的分析和推理。虚拟实验还可以模拟不同的情境和实验条件，帮助学生理解和运用理论知识，培养实践能力。

虚拟实验和模拟环境可以提供逼真的场景和互动体验，让学生感受实际实验的真实性。学生可以通过操作虚拟设备、进行实验步骤、调整参数等，亲身参与到实验过程中。这种互动性可以增强学生对实验原理和过程的理解，培养他们的实验技能。

教育者可以通过虚拟实验和模拟环境收集学生的实验数据和表现。例如，学生在虚拟实验中的实验步骤、数据记录、分析和解释等。教育者可以通过分析这些数据来评估学生的实验技巧、数据处理能力和问题解决能力。这种评估可以帮助教育者了解学生在实验中的优势和不足，以便针对性地提供指导和支持。

虚拟实验和模拟环境可以激发学生的自主学习和探究精神。学生可以根据自己的兴趣和学习需求，在虚拟环境中进行自主实验和探索。他们可以根据实验目标设定问题、设计实验方案，并通过实验结果进行验证和分析。教育者可以通过观察学生的实验过程和结果，了解学生的学习动态和学习能力。

数字化教育平台提供的虚拟实验和模拟环境为学生提供了实践机会和互动体验，并为教育者评估学生的实验技巧和问题解决能力提供了便利。

## （四）自动化评分和反馈系统

数字化教育工具可以通过自动化评分和反馈系统，快速而准确地对学生的作业、测验和考试进行评分和反馈。这种自动化系统可以节省教育者大量的时间和精力，同时提供及时的反馈和建议，帮助学生了解自己的学习成绩和改进的方向。

首先，传统评分需要教育者花费大量时间和精力来逐个评阅学生的作业、测验和考试。而自动化评分系统能够自动检测和评估学生的答案，以准确和一致的方式进行评分。这种自动化评分可以提高评阅的效率，大大节省教育者的时间和精力。

其次，自动化评分系统能够立即给出学生的评分结果，并提供相应的反馈和建议。学生可以迅速了解自己的学习成绩和问题所在，及时调整学习策略和改进学习方法。同时，自动化反馈系统还可以根据学生的答案提供个性化的建议，帮助学生理解和纠正错误。

此外，自动化评分系统能够根据事先设定的评分标准和算法进行评分，保证评分的一致性和公正性。所有学生的答案都按照相同的标准进行评估，避免了主观因素对评分的影响。这种一致性和公正性可以提高评分的客观性和可信度。

另外，自动化评分系统可以记录和跟踪学生的学习进展，包括作业、测验和考试的成绩、完成时间和历史记录等。教育者可以根据这些数据了解学生的学习情况和进步，针对性地提供支持和指导。

尽管自动化评分和反馈系统具有许多优势，但也需要教育者进行监督和验证。教育者应该确保评分系统的准确性和公正性，并在需要时进行人工评阅和反馈，以综合考虑学生的个性化需求和复杂性的答案。

数字化教育工具的自动化评分和反馈系统为教育者提供了快速准确的评分和学生反馈的方式。这种系统可以节省时间和精力，提供及时的反馈和建议，帮助学生了解自己的学习成绩和改进的方向。

数字化教育评估的方法与工具为教育者提供了更多的数据和信息，以便更全面、准确地评估学生的学习成果、教学效果和教学质量。这些方法和工具的应用可以帮助教育者更好地了解学生的学习需求和进展情况，并针对性地进行教学调整和支持。同时，数字化教育评估还能够提供对教学过程和教育政策的深入洞察，帮助教育决策者做出科学、有效的决策。

## 二、数字化教育评估的方法与工具应用的优势

数字化教育评估方法与工具的应用为教育领域带来了革命性的变化。通过利用先进的技术和数据分析手段，教育者能够更加精准、快速地评估学生的学习成

果、理解他们的学习需求，并提供个性化的学习支持和反馈。这种数字化评估方法不仅提供了即时的反馈和数据可视化，还能够为教育者提供全面的学生综合评估和教学决策的依据。下面将详细介绍数字化教育评估方法与工具应用的优势。

## （一）提供即时反馈

数字化教育评估方法与工具可以提供即时的学习反馈，使学生能够立即了解自己的学习成果和进步。这种即时反馈帮助学生及时调整学习策略，纠正错误，加强对知识和技能的理解，促进学习效果的提高。

这种即时反馈对学生的学习非常有益。首先，它可以帮助学生纠正错误和理解知识点。当学生立即知道自己哪些部分掌握得不够好或出现了错误，他们可以及时进行纠正和调整，避免形成错误的学习习惯或深化错误的理解。此外，即时反馈也能够加强学生对知识和技能的理解。通过了解自己的学习成果，学生可以评估自己对知识点的掌握程度，确定自己的薄弱环节，进一步加强学习和理解的努力。

另外，即时反馈还可以提高学生的学习动机和参与度。当学生得到及时的反馈，他们可以更好地认识到自己的努力和进步，从而增强学习的动力和兴趣。学生会感受到自己在学习中的积极变化和成就感，这有助于激发他们持续学习和投入学习的动力。

数字化教育评估方法与工具的即时反馈为学生提供了及时的学习成果和进步的反馈，帮助他们调整学习策略、纠正错误、加强理解，进而提高学习效果。这种即时反馈不仅对学生的学习有益，还可以促进学生的学习动机和参与度，推动他们更加积极地投入学习过程。

## （二）个性化学习支持

数字化教育评估方法与工具的另一个重要优势是能

够提供个性化的学习支持和指导。传统的教学模式通常是以整体班级为单位进行教学，无法满足每个学生的个性化学习需求。然而，数字化教育评估通过分析学生的学习数据和表现，能够了解每个学生的学习特点、兴趣和需求，并根据这些信息为他们提供个性化的学习支持和指导。

个性化学习支持可以通过推荐适合学生的学习资源和活动来实现。基于学生的学习数据和表现，数字化教育平台可以分析学生的学习偏好、知识掌握程度和学习进度，从而向学生推荐适合他们的学习资料、教学视频、在线课程等学习资源。这样，学生可以根据自己的兴趣和学习需求进行选择，更加有效地学习和掌握知识。

此外，个性化学习指导也可以通过提供个性化的学习活动和挑战来实现。数字化教育平台可以根据学生的学习数据和表现，设计针对个人学习需求的学习任务和项目，为学生提供有针对性的学习挑战。这样，学生可以根据自己的能力和兴趣参与到适合自己水平的学习活动中，提高学习动力和参与度，进而取得更好的学习成果。

数字化教育评估方法与工具的个性化学习支持和指导为学生提供了定制化的学习体验。通过分析学生的学习数据和表现，系统能够了解学生的学习特点和需求，并根据个人情况提供相应的学习资源、活动和挑战，帮助他们在个性化学习路径上取得更好的成果。这种个性化学习支持和指导能够满足学生的不同学习需求，提高学习效果和学习满意度。

### （三）数据驱动的决策

数字化教育评估方法与工具可以收集和分析大量的学习数据，教育者可以借助这些数据做出基于证据的决策。通过对学习数据的分析，教育者可以了解学生的学习需求、弱点和进展，从而调整教学策略、课程设计和学习资源，以更好地满足学生的需求。

首先，数字化教育评估方法与工具可以提供详细的学习数据，包括学生的学习行为、学习进度、答题情况等。这些数据能够帮助教育者全面了解学生的学习情况，发现学生的学习偏好、学习习惯和学习困难。通过对这些数据的分析，教育者可以识别学生的弱点和需求，有针对性地进行教学干预和支持。

其次，数字化教育评估方法与工具可以帮助教育者评估教学策略和课程设计的有效性。通过对学习数据的分析，教育者可以了解不同教学策略和课程设计对学生学习成果的影响。教育者可以比较不同教学方法的效果，确定哪种方法更适合学生的学习需求和特点。这样，教育者可以根据数据的指导，调整教学策略和课程设计，提高教学效果。

此外，数字化教育评估方法与工具还可以帮助教育者优化学习资源的使用。通过分析学习数据，教育者可以了解学生对不同学习资源的使用情况和效果。教育者可以根据学习数据的反馈，优化学习资源的选择和布置，确保学生能够获得高质量的学习材料和资源，提升学习效果。

数字化教育评估方法与工具的数据收集和分析功能为教育者提供了基于证据的决策支持。通过对学习数据的分析，教育者可以了解学生的学习需求和进展，评估教学策略和课程设计的有效性，并优化学习资源的使用，从而提供更加个性化和有效的教学。这种基于数据的决策能够提高教学质量和学生学习成果，促进教育的持续改进。

## （四）提高效率与准确性

数字化教育评估方法与工具可以自动化评估和评分过程，提高评估的效率和准确性。传统的手动评估和评分需要花费大量时间和精力，而数字化工具可以在短时间内完成评估，并保持评分的一致性和客观性。

首先，数字化教育评估工具能够快速自动地对学生作业、测验和考试进行评估和评分。传统的手动评估和评分需要教育者花费大量的时间和精力，尤其是在处理大量学生的作业和考试时。而数字化工具可以在短时间内对学生的答案进行自动评估和评分，从而极大地节省了教育者的时间和精力。教育者可以将更多的时间投入到教学和个性化指导上，提供更好的学习支持。

其次，数字化教育评估方法与工具的评估和评分过程具有一致性和客观性。传统的手动评估和评分容易受到主观因素的影响，不同的教育者可能会有不同的评判标准和偏好。而数字化工具采用预设的评估标准和算法，能够保持评分的一致性和客观性。学生的答案会按照事先设定的标准进行评估，消除了主观评分的差异，确保评估结果的公正性。

此外，数字化教育评估方法与工具还提供了即时的评估结果和反馈。一旦学生完成作业或者考试，他们可以立即获得评估结果和相关的反馈。这种即时反馈能够帮助学生及时了解自己的学习成绩和问题所在，从而进行针对性的学习调整和提升。同时，教育者也可以及时了解学生的学习情况，对学生的学习进展进行监控和干预，提供个性化的学习支持和指导。

数字化教育评估方法与工具的自动化评估和评分功能带来了显著的优势。它们大大提高了评估的效率，减少了教育者的工作负担，同时保持了评分的一致性和客观性。此外，即时的评估结果和反馈有助于学生及时调整学习策略，教育者也能够及时了解学生的学习情况并提供个性化的支持。数字化教育评估方法与工具的应用为教育领域带来了更高效、个性化和客观的评估方式，促进了学生的学习效果和教学的改进。

### （五）跨时空学习

数字化教育评估方法与工具使学生能够随时随地进行学习和评估。学生可以通过在线平台提交作业、参与测验和讨论，并获得及时的反馈。这种跨时空的学习和评估方式提供了灵活性和便利性，适应了学生的不同学习节奏和学习环境。

首先，学生可以根据自己的学习进度和时间安排，在适合自己的时间进行学习和提交作业。传统的教室环境可能会限制学生在固定时间内完成作业和参与评估，而数字化教育评估工具使学生能够根据自己的时间表进行学习和提交任务。这种灵活性使得学生可以更好地管理自己的学习时间，并根据自己的需要进行反复练习和巩固。

其次，数字化教育评估方法与工具提供了便捷的学习环境。学生可以通过电脑、平板电脑或智能手机等设备访问在线学习平台，无论是在家中、学校还是其他地方，都能够随时进行学习和评估。这种跨时空的学习方式使学生不再受制于传统的教室和学校的限制，能够更好地适应不同的学习环境和学习需求。

另外，数字化教育评估方法与工具还提供了即时的反馈和评估结果。学生完成作业、测验或参与讨论后，他们可以立即获得反馈和评估结果，了解自己的学习成绩和理解程度。这种即时反馈可以帮助学生及时发现和纠正错误，调整学习策略，提高学习效果。同时，学生也能够即时了解自己的学习进展，激发学习动力，保持学习的积极性。

数字化教育评估方法与工具使学生能够随时随地进

行学习和评估，提供了灵活性和便利性。学生可以根据自己的学习节奏和学习环境进行学习，获得及时的反馈和评估结果，帮助他们更好地管理学习时间，调整学习策略，并保持学习的动力和积极性。这种灵活和便捷的学习方式符合现代学生的需求，并为他们提供了更好的学习体验。

## （六）学习过程的可视化

数字化教育评估方法与工具可以将学习过程可视化，通过图表、图像和统计数据展示学生的学习情况和进展。这种可视化方式不仅为学生提供了直观的学习反馈，还帮助教育者更好地了解学生的学习状态，从而进行针对性的干预和支持。

首先，可视化学习数据能够帮助学生更清晰地了解自己的学习表现。通过数字化教育平台和工具收集的学习数据可以以图表、图像或进度条等形式展示，例如学习进度、得分分布、错题分析等。学生可以直观地看到自己的学习曲线、知识掌握情况和学习成果，从而更好地评估自己的学习效果和发现自身的优势与不足。这样的可视化反馈让学生能够更好地了解自己的学习情况，有助于他们制定学习目标、调整学习策略和提高学习效果。

其次，可视化学习数据也为教育者提供了全面的学生评估工具。教育者可以通过数字化教育平台收集和分析学生的学习数据，例如作业提交情况、测验成绩、参与度等，然后将这些数据以可视化的形式呈现出来。教育者可以从整体和个体的角度来观察学生的学习表现，发现学生的学习困难、优势和需求，并针对性地提供指导和支持。教育者可以通过图表和图像的分析，迅速了解学生的学习趋势和学习瓶颈，以便根据学生的实际情况调整教学计划和个性化的教学策略。

此外，可视化学习数据还有助于教育者进行教学评估和课程改进。通过分析学生的学习数据，教育者可以评估教学策略的有效性和课程设计的质量。他们可以观察学生的学习进展和成绩分布，了解哪些知识点或教学方法较难掌握，从而调整教学重点和教学资源的分配。此外，教育者还可以根据学生的学习数据，评估课程的难度和教学目标的达成情况，以便对课程进行改进和优化。

数字化教育评估的方法与工具在教育领域中具有重要的优势和应用价值。通过收集、分析和可视化学习数据，数字化教育评估方法与工具能够提供即时的学习反馈，实现个性化的学习支持和指导，促进学生的学习效果提高。同时，它们也为教育者提供了全面的学生评估工具，帮助教育者了解学生的学习状态和需求，进行教学调整和干预。此外，数字化教育评估方法与工具还能够自动化评估和评分过程，提高评估的效率和准确性。最重要的是，数字化教育评估方法与工具能够跨越时空限制，使学生能够随时随地进行学习和评估，提供灵活性和便利性。总的来说，数字化教育评估方法与工具的应用为教育领域带来了许多优势，促进了学生的个性化学习和教育的质量提升。

# 第二节　学习分析与个性化反馈

学习分析与个性化反馈是一种基于学习数据和个体学习需求的教育方法与工具。通过收集和分析学生的学习数据，包括学习行为、学习成绩、学习进度等方面的信息，学习分析能够提供对学生学习过程和表现的深入洞察。在此基础上，个性化反馈利用学习分析的结果，为每个学生提供量身定制的反馈和支持，帮助他们实现更有效的学习。

学习分析与个性化反馈的使用方法可以通过以下步骤进行：

## 一、数据收集与整理

收集学生的学习数据，包括学习活动记录、作业和测验成绩、在线讨论等。这些数据可以来自数字化教育平台、在线学习系统或学生提交的作业和答卷。将这些数据整理和存储在可分析的格式中，以备后续分析和应用。

首先，学习活动记录。学习活动记录可以包括学生在教学平台上的登录时间、学习时长、访问的课程模块或学习资源等。这些记录可以反映学生的学习频率、学习时间分布和学习行为。

其次，作业和测验成绩。学生提交的作业和测验成绩可以提供他们对知识和技能的掌握程度的信息。这些成绩可以是客观的评分，也可以是主观的评论和反馈。

同时，在线讨论和互动。学生在在线讨论板或学习社区的参与度和贡献可以反映他们对学习内容的理解和交流能力。教育者可以收集学生在讨论中的提问、回答和讨论的内容，了解他们对课程主题的深度和广度的把握情况。

此外，其他学习行为数据。还可以收集其他学生的学习行为数据，例如点击课程资源的次数、观看视频的时长、参与在线小组活动的频率等。这些数据可以提供更详细的学习行为分析和学习效果评估。

为了有效收集学生的学习数据，教育者可以使用数字化教育平台的内置工具和功能，如学习管理系统、在线作业提交系统和讨论论坛等。通过整理和存储这些数据，教育者可以在后续的学习分析过程中使用相应的分析工具和技术，从中提取有价值的信息，为个性化反馈和支持提供依据。同时，教育者应确保学生的隐私和数据安全，采取适当的措施保护学生的个人信息。

## 二、学习分析

利用学习分析工具和技术，对学生的学习数据进行深入分析。这可以包括使用数据挖掘、机器学习和统计分析等方法，探索学生的学习行为、学习模式、知识掌握水平等方面的模式和趋势。通过学习分析，可以识别学生的强项和弱项，发现他们的学习需求和困难，并提供基于数据的洞察和决策支持。

数据挖掘是一种从大规模数据集中提取隐藏模式、关联规则和趋势的技术。在学习分析中，可以使用数据挖掘方法来发现学生学习行为和学习成果之间的关联，以及不同学习因素对学生学习表现的影响。例如，可以通过挖掘学生的学习活动数据，找到学习行为模式或学习路径，进而了解学生在不同学习阶段的偏好和学习策略。

机器学习是一种通过算法和模型自动从数据中学习和预测的方法。在学习分析中，可以使用机器学习算法对学生的学习数据进行分类、聚类、预测等分析。通过构建学习模型，可以预测学生未来的学习成果、识别学习困难和提供个性化学习建议。例如，可以利用机器学习算法来预测学生在某个学习任务上的成功概率，从而提前干预和支持学生的学习过程。

统计分析是一种通过数理统计方法对数据进行描述、推断和解释的技术。在学习分析中，可以使用统计分析方法来分析学生的学习数据，如作业和测验成绩的分布、学生群体的差异等。通过统计分析，可以发现学生群体中的学习趋势、成绩分布等规律，以及不同学习因素之间的相关性。这些统计分析结果可以为教育者提供决策支持和教学改进的依据。

学习分析工具和技术可以帮助教育者深入了解学生的学习行为和学习成果，发现潜在的学习问题和需求，并提供个性化的反馈和支持。通过数据挖掘、机器学习和统计分析等方法的应用，教育者可以从学生的学习数据中获得更深入、准确和有用的信息，以优化教学策略、提高学习效果。

## 三、个性化反馈设计

根据学习分析的结果，设计和提供个性化的反馈和支持。这可以包括针对学生的特定问题和困难提供解决方案、推荐适合的学习资源、给予及时的学习建议和指导等。个性化反馈应该根据学生的学习需求和学科要求进行定制，以提供有针对性的帮助，激发学生的学习动力和兴趣，并促进他们的学习成长。

首先，针对学生的特定问题和困难提供解决方案。通过学习分析，可以发现学生在特定知识点或技能上的困难和错误模式。根据这些分析结果，教育者可以为学生提供定制的解决方案和辅导材料，以帮助他们克服困难，填补知识漏洞，并提升他们的学习成绩。

其次，推荐适合的学习资源。基于学习分析的结果，教育者可以根据学生的学习需求和兴趣向他们推荐适合的学习资源。这些资源可以包括在线课程、教学视频、练习题等，以丰富学生的学习体验和提供个性化的学习支持。

第三，给予及时的学习建议和指导。学习分析可以提供实时的学习数据和反馈，教育者可以根据这些数据给予学生及时的学习建议和指导。例如，当学生在学习过程中遇到困难时，教育者可以提供具体的解决方案和步骤，指导学生克服困难并继续前进。

同时，激发学生的学习动力和兴趣。个性化反馈和支持可以根据学生的兴趣和学习偏好来设计，以激发学生的学习动力和兴趣。通过了解学生的学习喜好和需求，教育者可以提供与学生兴趣相关的学习任务、挑战和项目，以增强学生的参与度和学习效果。

此外，促进学生的学习成长。个性化反馈和支持旨在帮助学生发展和提升他们的学习能力。通过持续的学习分析和反馈，教育者可以跟踪学生的学习进展，识别他们的成长点并提供相应的支持。这种定制化的反馈和支持有助于学生建立自信，发展自主学习能力，并促进他们在学术上的持续成长。

通过学习分析的结果，设计和提供个性化的反馈和支持可以帮助学生克服困难、提升学习效果，并激发他们的学习动力和兴趣。

## 四、反馈交流与跟踪

与学生进行反馈交流是个性化反馈的重要环节。教育者可以与学生进行讨论、面谈或在线交流，解释学习分析结果并提供个性化反馈的解释和指导。此外，跟踪学生的学习进展和反馈效果，及时调整和优化个性化反馈的策略和措施，确保学生得到持续的支持和帮助。

首先，解释学习分析结果。教育者应与学生分享学习分析的结果，并解释这些结果如何反映了学生的学习情况和进展。这有助于学生理解自己的学习表现，并认识到个性化反馈的重要性。

其次，倾听学生的声音。反馈交流应该是双向的，教育者需要倾听学生的声音和反馈。学生可能会提出问题、提供自己的观点或提出关于个性化反馈的需求和建议。通过倾听学生的声音，教育者可以更好地了解学生的学习需求和心理状态，从而提供更有效的个性化支持。

此外，提供具体和可操作的建议。个性化反馈应该提供具体和可操作的建议，以帮助学生改进学习表现。建议应该明确指出学生在哪些方面需要改进，并提供具体的行动步骤和学习策略。这有助于学生将反馈转化为实际行动，进一步提升学习效果。

同时，鼓励学生的积极努力。在反馈交流中，教育者应鼓励学生的积极努力和成长。肯定学生取得的进步和努力，激发他们的自信心和学习动力。同时，教育者也应提供挑战和目标，鼓励学生持续努力和追求更高的学习目标。

另外，跟踪反馈效果和调整策略。个性化反馈应是一个持续的过程。教育者应跟踪学生在接受个性化反馈后的学习进展，并评估反馈的效果。根据学生的反馈结果和学习数据，教育者可以调整个性化反馈的策略和措施，以更好地满足学生的学习需求。

通过与学生进行反馈交流，教育者能够建立积极的学习关系，促进学生的学习成长和个人发展。这种个性化反馈的交流过程不仅可以提供实质性的学习支持，还能够培养学生的自主学习能力和学习动力。

## 五、持续改进与评估

学习分析与个性化反馈应该是一个持续改进的过程。教育者应该不断评估和调整使用方法与工具的效果，并根据反馈和评估结果进行改进和优化。这可以包括调整数据收集和分析的方法、改进个性化反馈的内容和交流方式，以及提升教育者对学习分析和个性化反馈的专业能力。

第一，评估数据收集与分析方法：教育者应定期评估使用的数据收集与分析方法的有效性和准确性。这可以包括审查数据的可靠性和有效性，评估分析方法的准确性和相关性。根据评估结果，教育者可以决定是否需要调整数据收集和分析的方法，以提高分析的质量和结果的可靠性。

第二，改进个性化反馈的内容和形式。教育者应根据学生和教育者的反馈，不断改进个性化反馈的内容和形式。这可以包括调整反馈的语言和表达方式，确保反馈信息清晰明了。此外，教育者也可以增加反馈的多样性，例如使用多种形式的反馈，如文字、图表、图像等，以满足不同学生的学习需求。

第三，提升教育者的专业能力。教育者应不断提升对学习分析和个性化反馈的专业能力。这可以通过参加专业培训、研讨会和学习交流活动来实现。教育者还可以积极参与学术研究和实践分享，与同行教育者共同学习和探讨最佳实践。

第四，关注学生和教育者的反馈。教育者应积极收集学生和教育者的反馈，并将其作为改进的重要依据。学生和教育者可以提供关于个性化反馈的意见、建议和需求，以帮助教育者更好地了解学生的学习需求和反馈的有效性。

此外，建立学习社群和合作共享。教育者可以积极参与学习社群和合作共享的活动，与其他教育者和专家进行交流和合作。这种交流和合作可以促进教育者之间的学习和共同提高，推动个性化反馈的不断创新和改进。

通过持续的评估和改进，教育者可以不断提升学习分析与个性化反馈的效果和个性化支持的质量，进而改善学生的学习体验和学习成果。

　　学习分析与个性化反馈是一种强大的方法和策略，可以通过数据挖掘、机器学习和统计分析等技术，深入分析学生的学习数据，探索学习行为、学习模式和知识掌握水平的模式和趋势。通过学习分析，可以识别学生的强项和弱项，发现他们的学习需求和困难，并提供基于数据的洞察和决策支持。

# 第三节　数据隐私与伦理问题

数据隐私和伦理问题在学习分析和个性化反馈的应用中具有重要的关注度。随着数据的收集和分析越来越多地涉及学生的个人信息和学习数据，保护学生的数据隐私和处理伦理问题变得至关重要。在利用学习分析技术和个性化反馈提供支持的同时，必须确保学生的数据隐私得到尊重，并遵守相关的伦理原则和法规。

数据隐私和伦理问题在学习分析和个性化反馈的应用中扮演着重要的角色。它们的重要性体现在以下几个方面：

## 一、保护学生的隐私权

学生的个人信息和学习数据属于敏感信息，涉及到他们的个人隐私。确保学生的隐私权得到尊重和保护是至关重要的。教育者和学校需要采取适当的措施来确保学生数据的安全存储和传输，并遵守相关的数据保护法规和隐私政策。

教育者和学校需要遵守适用的数据保护法规和隐私政策，如中国的个人信息保护法（PIPL）和教育部相关规定。这些法规要求对学生个人信息的收集、存储、处理和传输采取一定的控制和保护措施。

学生的学习数据应该在安全的环境中进行存储和传输。这包括采用加密技术保护数据的机密性，建立访问控制机制限制未经授权的访问，确保数据在传输过程中不被窃听或篡改。

在进行学习分析和个性化反馈时，可以采用匿名化或去标识化的方法处理学生的个人信息，以减少数据的敏感性和关联性。这样可以保护学生的身份隐私，同时仍能够进行有效的数据分析和个性化反馈。

同时，学生和他们的监护人应该被告知其个人信息和学习数据的收集目的、使用方式和可能的风险。他们有权选择是否参与学习分析和个性化反馈，并需要给予知情同意。透明和明确的沟通有助于建立信任关系，保护学生的隐私权。

此外，只收集和使用必要的学生信息来支持学习分析和个性化反馈。教育者和学校应遵循数据最小化原则，避免收集不必要的个人信息，减少数据泄露和滥用的风险。

当与第三方合作或共享学生数据时，教育者和学校需要确保合适的安全协议和保密协议，以保护学生隐私。合作伙伴应符合相应的数据保护标准和隐私政策，严格限制数据的使用和共享范围。

学生的学习数据应该仅在必要的时间内保留，并在不再需要时进行安全删除。教育者和学校应该制定明确的数据保留政策，确保学生数据不被滥用或无限期保留。当学生离校或毕业时，应采取适当的措施，如数据清除或匿名化，以保护他们的隐私。

在进行学习分析和个性化反馈时，教育者应始终遵循教育伦理和道德原则。这包括尊重学生的权利和尊严，保护他们的隐私和个人数据，避免对学生进行不当的监控或评估。

另外，教育者应具备相应的专业能力，了解数据隐私和伦理问题，并采取必要的措施来保护学生隐私。他们应遵守教育行业的伦理准则和职业责任，确保学生的隐私权得到充分尊重和保护。

通过采取上述措施，数据隐私和伦理问题可以得到有效管理和保护，确保学生的隐私权不受侵犯，并建立可信赖的数字化教育环境。同时，遵循数据隐私和伦理原则也有助于建立教育者和学校的声誉，增强学生、家长和社会对数字化教育的信任和支持。

## 二、透明和知情同意

在收集学生的学习数据之前，必须向学生和他们的监护人提供透明的信息，让他们知晓数据收集的目的、使用方式以及可能的风险和影响。学生和监护人应该有权选择是否参与学习分析和个性化反馈，并且在参与时要给予知情同意。

透明的信息披露包括向学生和监护人解释学习分析和个性化反馈的目的，以及使用他们的学习数据的方式。应该清楚说明学习分析和个性化反馈的好处，包括帮助学生获得个性化的学习支持和提升学习成果的可能性。

同时，也应明确告知学生和监护人关于数据收集的风险和潜在影响。这可以涉及数据安全性、隐私保护措施、数据处理的合规性等方面的问题。学生和监护人应该被告知他们的学习数据将如何存储、处理和保护，并理解数据泄露、滥用或未经授权访问的潜在风险。

重要的是，学生和监护人应该有权选择是否参与学习分析和个性化反馈。他们应该被授权在知情的基础上做出自主决策，包括选择是否提供个人数据、选择参与特定的分析活动或个性化反馈措施。在获得知情同意之前，不应强制收集学生的学习数据或进行相关的分析活动。

透明的信息披露和知情同意是保护学生数据隐私和伦理权益的关键要素。教育者和学校应积极推动这些原则，确保学生和他们的监护人能够理解和参与到学习分析和个性化反馈的过程中。这将建立信任，促进合作，同时保护学生的数据隐私和权益。

## 三、公正和平等

在学习分析和个性化反馈的过程中，应确保数据的收集和分析不会产生偏见或歧视。数据应以公正的方式使用，避免对学生进行不当的评价或偏向某些特定群体。教育者需要意识到潜在的偏见和不平等问题，并采取措施来确保数据的公正使用。

首先，教育者需要意识到数据分析和个性化反馈中存在的潜在偏见和不平等问题。这包括可能的性别、种族、社会经济背景或其他个人特征的影响。了解这些潜在的偏见将帮助教育者更好地监控数据分析过程，确保数据的公正性和客观性。

其次，教育者应确保使用的算法、模型和工具是公正的，并避免引入歧视性的因素。这需要审查和评估所使用的技术和工具，确保它们的设计和实施不会产生不公正的结果。关注算法的透明度和公正性，以及避免过度依赖单一指标或因素，是确保公正性的重要步骤。

此外，教育者还应该采取多元化和包容性的方法，确保数据分析和个性化反馈的目标和策略不会对特定群体造成不利影响。这包括关注学生的多样性和差异性，以及提供个性化反馈的多样化方式和资源选择，以满足不同学生群体的需求。

最重要的是，教育者需要定期监测和评估数据分析和个性化反馈的效果，并主动发现潜在的偏见和不平等现象。通过对数据分析结果的审查和反馈收集，教育者可以及时发现和纠正任何不公正的情况，并采取适当的措施进行改进。

确保数据的收集和分析不产生偏见或歧视是数字化教育中的重要问题。教育者和学校应该积极关注公正性和公平性，并采取措施来确保数据的公正使用，促进学生的公平发展和学习机会。这将有助于建立一个包容性和公正的学习环境，为所有学生提供平等的机会和支持。

## 四、数据安全和保密性

学生的学习数据应受到保护，防止未经授权的访问、使用或泄漏。教育者和学校需要采取合适的安全措施来保护学生数据的机密性和完整性，包括数据加密、访问控制和网络安全等方面的措施。

首先，数据加密是一项关键的安全措施。教育者和学校可以采用加密技术，对学生数据进行加密存储和传输，以确保只有授权的人员能够解读和访问这些数据。加密可以防止数据在传输过程中被截获或窃取，并提供额外的保护层。

其次，访问控制是另一个重要的安全措施。教育者和学校应该设立严格的访问权限和身份验证机制，确保只有授权人员能够访问学生的学习数据。这可以包括使用密码、账户验证、双重认证等方法，以限制对数据的访问权限，并确保只有经过授权的人员才能够查看和处理学生数据。

此外，网络安全也是保护学生数据的重要方面。教育者和学校应采取措施保护网络和系统的安全性，包括使用防火墙、反病毒软件和安全更新等，以防止恶意软件或网络攻击对学生数据进行入侵或破坏。同时，应建立安全的数据备份和恢复机制，以防止意外数据丢失或损坏。

教育者和学校还应制定明确的数据安全政策和指导方针，确保所有工作人员都了解和遵守数据保护的要求。员工应接受相应的培训，以提高对数据隐私和安全的意识，并了解如何处理学生数据以确保其保密性和完整性。

最后，定期的安全审查和风险评估也是保护学生数据的重要环节。教育者和学校应定期审查和评估数据保护措施的有效性，并及时采取改进措施来纠正发现的安全风险和漏洞。

保护学生的学习数据是教育者和学校的责任。通过采取适当的安全措施，如数据加密、访问控制和网络安全，可以确保学生数据的机密性和完整性，并防止未经授权的访问、使用或泄露。

## 五、责任和道德准则

在使用学习分析和个性化反馈的方法和工具时，教育者应遵守相关的伦理准则和道德规范。这包括确保数据的合法使用，尊重学生的权益和尊严，以及将学生的利益置于首位。

首先，学生权益和隐私保护。教育者应尊重学生的权益和隐私，确保学生的个人信息和学习数据不被未经授权的人访问、使用或泄露。教育者应采取适当的安全措施，确保数据的机密性和完整性，并仅在合法授权的情况下使用学生数据。

其次，透明和知情同意。在收集学生数据和进行学习分析之前，教育者应向学生和他们的监护人提供透明的信息，让他们知晓数据收集的目的、使用方式以及可能的风险和影响。学生和监护人应该有权选择是否参与学习分析和个性化反馈，并在参与时给予知情同意。

第三，公正和公平性。在学习分析和个性化反馈的过程中，教育者应确保数据的收集和分析不产生偏见或歧视。数据应以公正和公平的方式使用，避免对学生进行不当的评价或偏袒某些特定群体。教育者应采取措施确保数据的公正使用，尊重学生的多样性和个体差异。

此外，学生利益为先。个性化反馈的目的是促进学生的学习成长和发展。教育者应将学生的利益置于首位，通过个性化反馈提供有益的指导和支持，帮助学生实现他们的学习目标。教育者应关注学生的整体发展，并确保个性化反馈的内容和方式对学生有积极的影响。

最后，专业责任和透明度。教育者应具备专业知识和能力，确保对学生数据的分析和个性化反馈是基于科学、可靠的依据。教育者应提供清晰的解释和指导，确保学生和监护人能够理解个性化反馈的意义和作用，并提供机会进行反馈和交流。

教育者在使用学习分析和个性化反馈的方法和工具时，应遵守相关的伦理准则和道德规范，确保数据的合法使用和个性化反馈的过程中尊重学生的权益和尊严。教育者应将学生的福祉和发展置于首位，并采取措施确保个人数据的安全和保护。

总之，数据隐私和伦理问题在学习分析和个性化反馈中具有重要的作用。只有在保护学生隐私和遵守伦理原则的前提下，才能充分发挥学习分析和个性化反馈的潜力，为学生提供有效的学习支持和指导。

# 第六章　未来数字化时代教育的展望

随着科技的不断进步和数字化的快速发展，教育领域也正迎来一个全新的时代。未来的数字化时代教育将带来许多创新和变革，为学生和教育者提供更广阔的机会和丰富的学习体验。在这个开创性的时代，数字技术将成为教育的重要驱动力，为教育提供新的可能性和挑战。让我们来探索未来数字化时代教育的展望。

## 第一节　数字化教育的趋势与发展方向

在数字化时代，教育领域正经历着快速的变革和创新。数字化教育的趋势和发展方向正在重新定义学习方式、教学方法和学生参与。随着科技的不断进步和数字化工具的普及，我们正迎来一个以学生为中心、个性化和灵活的学习时代。数字化教育正成为教育体系的重要组成部分，并为学生和教育者带来许多新的机遇和挑战。

数字化教育的趋势和发展方向涵盖了广泛的领域和创新。以下是一些关键的趋势和发展方向：

### 一、个性化学习

数字化教育提供了个性化学习的机会，可以根据学生的需求、兴趣和学习风格来定制教育内容和学习路径。通过学习分析和智能算法，教育者可以为每个学生提供定制化的学习体验，帮助他们更高效地学习和成长。

通过收集和分析学生的学习数据，如学习行为、成绩和反馈等，教育者可以了解每个学生的学习需求、兴趣和学习风格。这些数据可以被用于生成个性化学习模型和预测学生的学习路径，从而为学生提供定制化的学习建议和资源。

借助人工智能和机器学习技术，数字化教育可以提供智能化的教学工具和算法，以支持个性化学习。这些技术可以根据学生的学习数据和特征，自动调整教学内容、难度和进度，以满足每个学生的学习需求和挑战。

数字化教育提供了丰富的学习资源和学习平台，使学生能够自主选择学习内容和学习路径。学生可以根据自己的兴趣和学习目标进行学习导航，选择适合自己的学习活动和学习资源，以实现个性化学习的目标。

数字化教育可以通过在线协作和社交学习工具促进学生之间的互动和合作。学生可以通过讨论、合作项目和反馈交流来互相学习和支持，从而扩宽他们的学习经验和视野。

此外，数字化教育提供即时的反馈和指导机制，帮助学生了解自己的学习进展和问题，并提供个性化的解决方案和支持。教育者可以通过在线交流、自动评估和学习分析工具，为学生提供及时的反馈和指导，促进他们的学习成长和自我调整能力。

通过个性化学习，数字化教育可以满足学生的多样化学习需求，激发他们的学习兴趣和动力，并提高学习效果和成绩。个性化学习旨在将学习经验与学生的独特需求和特点相匹配，为他们提供最适合的学习内容、教学方法和学习环境。

## 二、虚拟和增强现实技术

虚拟现实（VR）和增强现实（AR）技术为学生提供了沉浸式的学习体验。学生可以通过虚拟实验、模拟环境和交互式学习来探索和应用知识。这些技术有助于激发学生的兴趣、提升参与度，并提供更生动和实践的学习机会。

通过虚拟实验和模拟环境，学生可以在虚拟现实的场景中进行实验和实践，探索各种学科的概念和现象。例如，在化学课程中，学生可以使用虚拟实验室进行化学反应的模拟和观察，提高实验技能和安全意识。这种沉浸式的学习体验可以增强学生的理解和记忆力。

虚拟现实和增强现实技术可以提供更加互动和参与的学习环境。学生可以通过与虚拟对象的互动、解决虚拟场景中的问题和完成任务来进行学习。这种互动性和参与度的提升可以激发学生的兴趣和主动性，增强他们的学习动力。

此外，虚拟现实和增强现实技术打破了时空限制，使学生能够跨越地域和文化边界进行学习。学生可以通过虚拟交流和合作工具与其他学生和教育者进行远程协作，共同解决问题和分享学习资源。这种跨文化学习和远程协作的体验可以扩宽学生的视野，培养他们的全球意识和合作能力。

虚拟现实和增强现实技术可以根据学生的个体差异和学习需求提供个性化的学习体验。学生可以根据自己的兴趣和学习风格选择虚拟场景和学习资源，自主探索和学习。这种个性化学习的方式可以提高学习效果和学习满意度。

最重要的是，虚拟现实和增强现实技术为跨学科学习和实践应用提供了机会。学生可以通过模拟现实生活场景，如历史事件的重现、艺术品的展示和地理环境的模拟，跨学科地理解和应用知识。这种实践应用的学习体验可以帮助学生将抽象的概念转化为具体的实践，提升他们的问题解决能力和实际应用能力。

## 三、在线和混合学习

数字化教育推动了在线学习和混合学习模式的发展。学生可以通过在线平台和学习管理系统访问教育资源、参与课堂活动和与教育者和同学进行互动。混合学习结合了传统面对面教学和在线学习的元素，提供了更灵活和个性化的学习体验。

混合学习模式允许学生根据自己的时间和地点灵活地访问教育资源和学习内容。学生可以自主选择学习的节奏和学习方式，根据自己的学习需求进行学习安排，提高学习的效率和满意度。

在线学习平台和学习管理系统提供了个性化学习的机会。学生可以根据自己的学习进度和兴趣选择学习资源和活动，进行自主学习和探索。教育者也可以根据学生的学习数据和表现提供定制化的学习建议和支持，促进学生的个性化学习。

同时，混合学习模式结合了面对面教学和在线学习的元素，教育者可以灵活运用各种教学方法和资源，提供多样化的学习体验。通过在线平台，学生可以访问丰富的教育资源，如教学视频、电子书籍、模拟实验和在线讨论等，丰富学习内容和提升学习质量。

此外，混合学习模式鼓励学生之间的互动和合作学习。通过在线讨论、协作项目和远程团队合作，学生可以与教育者和同学进行交流和合作，共同解决问题和分享学习经验。这种互动和合作学习的机会可以促进学生的思维能力、沟通能力和团队合作能力的发展。

在线学习平台和学习管理系统提供即时的反馈和个性化指导机制。学生可以通过自动化评估工具和在线作业提交，及时了解自己的学习进展和问题。教育者可以根据学生的学习数据和表现，提供即时的反馈和指导，帮助学生改进学习策略和提高学习效果。

## 四、数据驱动的决策

随着学习分析和数据科学的发展，教育者可以利用学习数据和统计分析来做出基于证据的决策。数据可以揭示学生的学习模式、进展和需求，帮助教育者优化教学策略、课程设计和学习资源，提供更有效和个性化的教育服务。

首先，学生学习行为分析。学习数据可以记录学生的学习行为，如学习时间、学习进度、作业提交情况等。通过对这些数据进行分析，教育者可以了解学生的学习模式和习惯，识别学生的强项和薄弱项，进而调整教学策略和提供个性化的学习支持。

其次，学习成果评估。学习数据可以用于评估学生的学习成果和进展。通过分析学生的考试成绩、作业成绩和课堂参与情况，教育者可以了解学生的学习表现，发现学生的问题和需求，并根据评估结果提供有针对性的教学指导和支持。

第三，课程优化和教学改进。学习数据的分析可以帮助教育者优化课程设计和教学方法。通过分析学生的学习数据和反馈，教育者可以了解学生对不同教学资源和活动的反应，确定哪些教学方法更有效，从而调整课程内容和教学策略，提供更符合学生需求的学习体验。

同时，个性化学习和个别指导。学习数据的分析为个性化学习提供了基础。教育者可以根据学生的学习数据，了解每个学生的学习需求和兴趣，为学生提供个性化的学习资源和指导。通过分析学生的学习路径和学习偏好，教育者可以为每个学生量身定制学习计划，帮助他们更高效地学习和成长。

另外，教育决策和政策制定。学习数据的分析也可以为教育决策和政策制定提供支持。教育决策者可以利用学习数据分析的结果，了解教育系统的整体情况，识别教育瓶颈和挑战，制定针对性的教育政策和改革措施，促进教育的公平和高质量发展。

学习分析和数据科学的发展为教育领域提供了丰富的学习数据和统计分析工具，从而帮助教育者做出基于证据的决策。

## 五、社交和协作学习

数字化教育鼓励学生之间的社交互动和协作学习。在线平台和社交媒体工具提供了学生分享知识、合作项目和交流想法的机会。这种社交和协作学习的方式可以增强学生的参与感和互动性，培养他们的团队合作和沟通能力。

通过在线平台和社交媒体工具，学生可以与教育者和同学进行实时的互动和交流。学生可以分享自己的观点、提出问题、回答问题，从而增强他们的参与感和互动性。这种互动性可以促进学生对学习内容的深入理解，并激发他们的学习兴趣。

在线平台为学生提供了共享学习资源和合作项目的机会。学生可以共享自己的笔记、学习资料和创意，为其他学生提供帮助和启发。此外，学生还可以参与合作项目，通过团队合作解决问题，培养团队合作和协作能力。

此外，数字化教育打破了地域和文化的限制，学生可以与来自世界各地的同学进行交流和合作。这种跨文化交流能够开拓学生的视野，增加对不同文化的理解和尊重，培养跨文化沟通和合作的能力。

同时，社交互动和协作学习提供了及时的反馈和评估机制。学生可以通过与教育者和同学的交流，获得关于自己学习的反馈和评价。这种反馈可以帮助学生及时调整学习策略，提高学习效果。

最后，社交互动和协作学习为学生提供了创新和共同学习的机会。学生可以通过与他人的交流和合作，共同解决问题、探索新思路和创造新知识。这种创新性的学习过程可以激发学生的创造力和思维能力。

社交互动和协作学习在数字化教育中具有重要的作用。通过与他人的交流和合作，学生可以拓展视野、提高参与度，培养重要的团队合作和沟通能力。

## 六、自主学习和自主导航

数字化教育赋予学生更多自主学习和自主导航的能力。学生可以根据自己的兴趣和学习目标选择学习资源和路径，自主控制学习进程。这种自主学习和自主导航的趋势有助于培养学生的自主学习能力、问题解决能力和批判思维能力。数字化工具和平台提供了丰富的学习资源和工具，学生可以根据自己的学习需求和兴趣进行探索和学习，激发他们的主动性和创造性。

首先，数字化工具和平台提供了丰富多样的学习资源，包括在线课程、电子书籍、学术论文、教学视频等。学生可以根据自己的学习需求和兴趣，自主选择适合的学习资源，从而形成个性化的学习路径。这种自主导航的能力使学生能够根据自己的学习目标和兴趣进行深入学习，提高学习的效果和效率。

其次，数字化教育为学生提供了灵活的学习时间和空间。学生可以根据自己的时间安排和地点选择进行学习，无需受制于传统教室的时间和地点限制。这种自主学习的灵活性使学生能够根据自己的学习节奏和习惯进行学习，提高学习的自主性和效果。

此外，自主学习和自主导航的过程鼓励学生主动探索和发现知识。学生可以根据自己的兴趣和好奇心选择学习内容，并通过自主学习的方式深入思考和研究。这种主动性的学习过程激发了学生的创造性思维和问题解决能力，培养了他们的自主学习习惯和能力。

在数字化教育中，学生需要从众多的学习资源中筛选和评估信息的可靠性和准确性。这要求学生具备批判思维和信息素养的能力，能够判断和辨别信息的真实性，并有效利用信息进行学习和研究。通过自主学习和自主导航的过程，学生可以培养批判思维和信息素养，提高对信息的理解和运用能力。

## 七、数据隐私和安全保护

随着数字化教育的普及，数据隐私和安全保护成为一个重要的关注点。未来的发展需要更加注重确保学生个人信息和学习数据的隐私和安全，加强数据保护措施、遵守相关法规和政策，并提供透明的信息披露和知情同意机制。

首先，强化数据保护措施。教育者和学校应采取适当的安全措施来保护学生个人信息和学习数据的机密性和完整性。这包括数据加密、访问控制、防火墙和网络安全等技术措施，以防止未经授权的访问、使用或泄露。

其次，遵守相关法规和政策。教育者和学校应遵守适用的数据保护法规和隐私政策，如欧洲的通用数据保护条例（GDPR）或中国的个人信息保护法等。这些法规要求对学生个人信息的收集、存储、处理和传输采取一定的控制和保护措施，保障学生数据隐私的权益。

第三，透明的信息披露和知情同意机制。在收集学生个人信息和学习数据之前，教育者和学校应提供透明的信息，向学生和他们的监护人解释数据收集的目的、使用方式以及可能的风险和影响。学生和监护人有权选择是否参与学习分析和个性化反馈，并在参与时给予知情同意。

　　此外，教育者和学校的专业能力提升。教育者需要加强对数据隐私和安全的意识和理解，提升对数字化教育中数据保护的专业能力。他们应了解数据隐私和安全的最佳实践，并采取相应的措施来保护学生的个人信息和学习数据。

　　最重要的是，教育社区和行业的合作与监督。教育社区、政府机构和相关行业应加强合作，共同推动数据隐私和安全的保护。建立监督机制，监测和评估数字化教育中的数据处理和安全实践，确保教育者和学校遵守相关规定和政策，保护学生数据的隐私和安全。

　　未来的数字化教育发展需要更加注重学生个人信息和学习数据的隐私和安全。通过强化数据保护措施、遵守相关法规和政策，并提供透明的信息披露和知情同意机制，可以确保学生数据的隐私和安全。教育者和学校应不断提升自身的专业能力，加强对数据隐私和安全的意识和理解，并积极与教育社区、政府机构和相关行业合作，共同推动数据隐私和安全的保护。

## 八、终身学习和职业发展

　　数字化教育为终身学习和职业发展提供了更多机会。学生和职场人员可以通过在线学习和远程培训来不断提升自己的技能和知识，适应快速变化的职业要求。数字化工具和学习平台可以提供个性化的职业指导和就业准备支持，帮助个体实现职业发展目标。

　　首先，灵活的学习方式。数字化教育提供了灵活的学习方式，学生和职场人员可以根据自己的时间和地点选择学习，无论是通过在线课程、远程培训还是自主学习，都能够获得所需的知识和技能。这种灵活性使终身学习成为可能，个体可以随时根据自己的需求和兴趣进行学习，不受时间和空间的限制。

　　其次，个性化的学习体验。数字化工具和学习平台能够根据个体的学习需求和兴趣提供个性化的学习体验。通过学习分析和智能算法，系统可以根据学习者的背景、目标和学习风格提供定制化的学习内容和学习路径。个体可以根据自己的职业发展目标选择适合的课程和学习资源，提升相关技能和知识。

另外，职业指导和就业准备支持。数字化教育为个体提供了职业指导和就业准备支持。在线学习平台可以提供职业发展的相关信息和资源，帮助个体了解不同职业领域的需求和趋势，指导他们制定职业规划和发展路径。此外，一些学习平台还提供职业认证和技能培训，增加个体在就业市场上的竞争力。

同时，实践和项目导向的学习。数字化教育通过模拟环境、虚拟实验和项目导向的学习活动，提供了实践和应用知识的机会。个体可以在虚拟环境中进行实验、解决实际问题，培养实际操作和解决复杂问题的能力。这种实践导向的学习有助于提升个体在职场中的应用能力和创新能力。

此外，跨界和全球化学习机会。数字化教育打破了地域和领域的限制，个体可以通过在线学习平台获得来自世界各地的优质教育资源。他们可以与来自不同背景和领域的学习者进行互动和合作，扩展视野，促进跨界交流和跨文化交流。这种跨界和全球化的学习机会为个体提供了更广阔的职业发展平台，使他们能够适应全球化的职业环境，并与来自不同文化背景的人合作和交流。

数字化教育为终身学习和职业发展提供了更多机会和支持。学生和职场人员可以通过灵活的学习方式、个性化的学习体验、职业指导和就业准备支持，不断提升自己的技能和知识，适应快速变化的职业要求。数字化教育还促进了实践和项目导向的学习，提供了跨界和全球化的学习机会，培养了个体在职业发展中所需的应用能力和跨文化交流能力。

　　总的来说，数字化教育的趋势和发展方向是多样而广泛的，涵盖了个性化学习、虚拟和增强现实技术、在线和混合学习、数据驱动的决策、社交和协作学习、自主学习和自主导航、数据隐私和安全保护、终身学习和职业发展，以及跨文化和全球化教育等方面。这些趋势将为学生提供更丰富、灵活和个性化的学习体验，推动教育的创新和进步。

# 第二节 新兴技术对教育的潜在影响

新兴技术对教育领域带来了革命性的变革和潜在影响。随着科技的迅猛发展，诸如人工智能、机器学习、大数据分析、虚拟现实和增强现实等新兴技术正逐渐渗透到教育中，为学习和教学带来了全新的可能性。这些新技术的引入和应用有望改变传统教育模式，提升学习效果，培养创新思维和解决问题的能力，并为教育提供更广泛的普及和个性化的机会。

## 一、个性化学习体验

新兴技术可以通过数据分析、人工智能和机器学习等方法，为学生提供个性化的学习体验。通过对学生的学习数据进行分析，系统可以了解学生的学习偏好、强项和弱项，并根据个体的需求进行定制化的教学内容和学习路径。这种个性化的学习方式可以提高学生的学习效果和参与度，使每个学生都能在自己的节奏和能力范围内进行学习。

通过数据分析和学习算法，教育系统可以根据学生的学习数据和特点，为他们提供定制化的教学内容。系统可以根据学生的学习偏好、兴趣和能力，推荐适合他们的学习资源和活动。这种定制化教学可以提高学生的学习动机和兴趣，使学习变得更加个性化和有针对性。

个性化学习可以根据学生的学习需求和进展情况进行调整。学生可以根据自己的学习节奏和能力，选择适合自己的学习路径和内容。系统可以根据学生的学习表现和反馈，提供有针对性的指导和支持，帮助他们克服困难、弥补知识的缺失，并提供个性化的反馈和评估。

新兴技术可以实时监测学生的学习进展，并提供即时的反馈和评估。学生可以立即了解自己的学习成果和不足之处，从而及时调整学习策略和提升学习效果。教育者也可以通过学生的学习数据，了解教学的有效性和改进的方向，进一步优化教学内容和方法。

同时，新兴技术为学生提供了更加沉浸式和互动性的学习体验。虚拟现实（VR）和增强现实（AR）技术可以将学生置身于虚拟的学习环境中，通过模拟实验、角色扮演和交互式学习来增强学习的真实感和参与度。同时，学生也可以通过在线平台和社交媒体工具与其他学生和教育者进行互动和合作，分享知识、解决问题，促进学习共同体的形成。

此外，个性化学习不仅仅局限于传统教室中的学习，还可以扩展到终身学习和职业培训的领域。通过在线学习平台和远程教育系统，学生和职业人员可以随时随地获取个性化的学习资源和培训机会。无论是自我提升、专业技能的学习，还是职业发展的需要，个性化学习都可以满足不同学习者的需求。

新兴技术使虚拟实验室和模拟环境可以替代传统的实物实验，降低实验成本并提供更安全的学习环境。学生可以通过虚拟实验室进行实际操作和探索，加深对科学原理和实验过程的理解。同时，教育者可以根据学生的学习数据和表现，调整教学策略和内容，提供更具针对性的指导和支持。

新兴技术对教育领域的潜在影响是多方面的。它们提供了个性化学习、沉浸式体验、社交互动和自主导航的机会，同时也带来了教学方法的创新和学习体验的改善。然而，我们必须认识到技术本身并非解决所有教育问题的唯一答案，教育者的专业知识和指导仍然是关键。因此，将新兴技术与教育最佳实践相结合，促进技术与人文教育的有机融合，才能真正实现数字化教育的潜力和价值。

## 二、拓展学习空间

新兴技术如虚拟现实（VR）和增强现实（AR）可以为学生提供更加沉浸式和身临其境的学习体验。通过虚拟实验室、模拟环境和互动式学习，学生可以在虚拟场景中进行实践和探索，深入理解抽象的概念和复杂的现象。这种拓展的学习空间可以激发学生的好奇心和创造力，使学习更加生动有趣。

在虚拟实验室中，学生可以进行各种实验，模拟真实的物理、化学、生物等实验过程。他们可以操作虚拟仪器、观察实验现象，并通过互动方式进行实验探索。这种沉浸式的学习体验让学生可以在没有实际实验设备的情况下进行实践，减少实验成本和安全风险，同时也提供了更多的实验机会和反复练习的可能性。

另外，AR技术可以将虚拟内容叠加在现实世界中，创造出与实际环境相交互的学习体验。学生可以通过AR应用程序，在自己的周围看到虚拟的三维模型、信息标签或动态图像。这种互动式学习方式可以增强学生的观察力、空间认知能力和问题解决能力。例如，在地理学习中，学生可以使用AR应用程序探索不同地区的地标和地理特征，加深对地理概念的理解。

虚拟现实和增强现实技术还可以用于创造虚拟场景和情境，让学生身临其境地体验历史事件、文化背景或复杂的科学现象。通过沉浸式的体验，学生可以更好地理解和感受相关主题，增强对知识的记忆和理解。例如，在历史课上，学生可以通过VR技术参观历史遗址，亲身体验历史事件，使学习更加具有情感和身临其境的效果。

## 三、提供即时反馈和个性化支持

新兴技术可以实时监测学生的学习进展，并提供即时的反馈和个性化的支持。通过自动化评估和智能算法，系统可以识别学生的困难点和错误，及时给予纠正和建议。这种及时反馈可以帮助学生更好地理解和掌握知识，及时调整学习策略，提高学习效果。

通过自动化评估和智能算法的应用，系统可以分析学生的学习进展和表现，识别出他们的困难点和错误。基于这些分析结果，系统可以及时提供个性化的反馈和支持，帮助学生克服困难、纠正错误，并提供适当的学习建议。这种即时的反馈和指导可以帮助学生更好地理解学习内容，澄清疑惑，并调整学习策略，从而提高学习效果。

个性化的学习支持还可以通过智能化的推荐系统实现。系统可以根据学生的学习数据和兴趣偏好，推荐适合他们的学习资源、教材和活动。这样的推荐可以帮助学生发现更多与其兴趣和学习目标相关的内容，提供更加个性化和有针对性的学习体验。

此外，新兴技术还可以为学生提供即时互动和合作学习的机会。通过在线协作平台和虚拟会议工具，学生可以与教育者和同学进行实时交流和合作。他们可以一起解决问题、讨论学习主题，并分享彼此的观点和经验。这种实时互动和合作学习的模式可以促进学生之间的合作精神、批判思维和创造力，培养团队合作和沟通能力。

需要注意的是，在应用新兴技术进行实时监测和反馈时，教育者应保持合理和谨慎的使用。确保反馈的准确性和有效性，并避免过度依赖技术，给予学生足够的自主性和思考空间。同时，也要关注学生的隐私权和数据安全，采取适当的措施保护学生的个人信息和学习数据。

## 四、促进合作与互动

新兴技术为学生之间的合作和互动提供了更多的机

会。通过在线协作工具、社交媒体平台和虚拟学习社区，学生可以与同学和教师进行即时的互动和合作。这种合作与互动的学习方式可以培养学生的团队合作能力、沟通能力和解决问题的能力，促进彼此之间的学习交流和知识分享。

这种合作与互动的学习方式可以带来多重益处。首先，学生可以通过合作学习获得不同角度的思考和观点，从而拓宽自己的思维范围。与他人合作解决问题或完成项目，可以激发创新思维和团队合作精神。学生可以互相启发、支持和鼓励，共同克服学习中的困难，提高学习效果。

其次，通过在线协作工具和社交媒体平台，学生可以跨越时空限制，与来自不同地区和背景的同学进行交流。这样的多样性交流能够拓宽学生的视野，增强跨文化沟通和理解能力。学生可以分享自己的经验和知识，同时也能从其他人的经验中获益。这样的互动和交流促进了知识的共享与协同，培养了学生的批判性思维和合作能力。

此外，虚拟学习社区和在线协作平台还为学生提供了一个共同学习和讨论的空间。学生可以通过在线讨论论坛、博客或群组，参与讨论、提出问题和分享学习心得。这种互动不仅促进了学生之间的交流，也能够与教师建立更紧密的联系，获得及时的指导和反馈。学生可以在这个学习社区中互相支持和激励，共同进步。

在促进学生合作和互动时，教育者需要提供适当的指导和支持。他们可以设计协作项目、引导学生的讨论和提供反馈，以确保学生的互动具有积极的学习效果。此外，也需要教育学生有效地利用技术工具，培养良好的网络素养和数字沟通能力，以保持互动的有效性和质量。

## 五、促进终身学习和职业发展

新兴技术为终身学习和职业发展提供了更多的机会和便利。通过在线学习平台和远程培训，个人可以随时随地获取到丰富的学习资源和培训课程，不受时间和地点的限制。无论是学生还是职场人员，都可以利用新兴技术进行持续的学习和提升。这种灵活性和便利性为个人的职业发展提供了更多的可能性，使其能够不断适应快速变化的职业要求和技术发展。

首先，新兴技术打破了时间和地点的限制，使学习变得更加灵活。个人可以在自己的时间安排内进行学习，不再受制于传统教室的时间表。无论是学生还是职场人员，都能够根据自身的工作和生活需求安排学习时间，提高学习效率。同时，通过在线学习平台，学习资源可以随时随地访问，不再受地域限制，让学习真正与个人的生活相融合。

其次，新兴技术为个人提供了丰富多样的学习资源和培训课程。在线学习平台上汇集了来自世界各地的教育机构、专家和行业领域的知识和经验，个人可以选择感兴趣的领域进行学习。这种多样性的学习资源可以满足个人的特定学习需求，扩展知识面和技能，提升个人的竞争力。

此外，新兴技术为个人提供了个性化的学习体验。通过学习分析和智能算法，系统可以根据个人的学习进度、兴趣和学习风格，为其定制化的学习路径和内容。个人可以根据自己的学习需求和目标进行学习，避免了传统教室中的一刀切教学方式，使学习更加高效和个性化。

新兴技术还提供了与其他学习者和专家进行交流和互动的机会。通过在线学习社区和合作平台，个人可以与来自不同地区和背景的学习者进行交流和分享。这种跨界和跨文化的交流促进了知识的共享和合作，扩展了个人的学习网络。

## 六、促进全球教育和跨文化交流

新兴技术的出现和发展为全球教育和跨文化交流提供了重要的机遇和平台。传统教育往往受到地域限制，学生的学习和交流范围受限于所在地区的教育资源和机会。然而，随着在线学习平台的兴起和数字技术的发展，学生可以通过互联网与来自世界各地的学生进行交流和合作，打破了地域的束缚。

通过在线课程和合作项目，学生有机会与来自不同国家和文化背景的学生一起学习和探讨。他们可以共同参与课程、讨论论题、分享观点和解决问题。这种跨文化交流不仅能够增加学生对不同文化的了解和尊重，还可以激发他们的创造力和批判思维能力。学生可以从其他学生的经验中学习，开阔自己的视野，培养全球意识和跨文化沟通能力。

在跨文化交流的过程中，学生也会遇到不同的观点和思维方式。这种多元性和多样性的交流环境促进了学生的思考和自我反省，培养了他们的批判性思维能力。学生需要学会倾听和尊重他人的观点，同时也要能够表达自己的观点，并学会在多元化的环境中进行有效的沟通和合作。

此外，新兴技术还为跨文化交流提供了更多的便利性和实用性。在线学习平台和协作工具使得学生之间的交流和合作更加便捷和高效。学生可以通过即时消息、在线讨论论坛、视频会议等形式进行交流和协作，无论时间和地点的限制。这种虚拟的交流方式不仅提供了实时互动的机会，还节省了旅行和物流成本，降低了跨文化交流的门槛。

尽管新兴技术在教育领域具有巨大的潜力，但同时也面临一些挑战和考验。其中包括技术的成本和可持续性、数字鸿沟的存在、教师专业发展的需求以及教育资源的质量和可信度等问题。因此，教育界需要与科技行业紧密合作，制定可持续的发展策略，培养教育者和学生的数字素养，并保证教育的公平性和质量。只有在充分认识到新兴技术的潜力和挑战的基础上，才能更好地利用这些技术推动教育的创新和进步。

# 第三节　未来教育的挑战与机遇

　　随着科技的快速发展和社会的不断变迁，未来教育面临着前所未有的挑战和机遇。新兴技术、全球化的趋势、个性化学习的需求以及快速变化的职业市场等因素，将深刻影响教育的方式、内容和目标。在这个新的教育时代，我们需要积极应对挑战，抓住机遇，以确保学生获得全面发展和成功的机会。

　　未来教育面临着一系列的挑战和机遇，这些因素将塑造教育的未来方向和发展模式。

## 一、技术发展与教育融合

　　新兴技术如人工智能、虚拟现实、增强现实等在教育领域的应用将带来巨大的机遇。然而，教育界需要应对技术发展带来的挑战，如教育资源的质量和有效性、师资培训以及技术的可持续性等问题。

　　随着新兴技术的发展，教育资源的数量和多样性增加了，但如何保证这些资源的质量和有效性仍然是一个挑战。教育机构需要对教育资源进行严格的筛选和评估，确保其内容准确、可靠，并与教学目标相符。

　　新兴技术的应用需要教师具备相应的技术能力和教学技巧。因此，师资培训是一个重要的挑战。教育机构需要提供系统性的培训计划，帮助教师掌握新技术的应用方法，并融入他们的教学实践中。

　　同时，新兴技术的更新换代速度很快，因此，教育机构需要保证其技术设施和基础设施的可持续性。这包括对硬件和软件的持续更新和维护，以保证技术的稳定运行，并适应不断变化的教学需求。

　　随着数字化教育的普及，保护学生和教师的数据安全和隐私成为一个重要的问题。教育机构需要确保教育平台和学习管理系统的安全性，采取必要的安全措施来防止数据泄露和滥用。

尽管新兴技术为教育提供了机遇，但数字鸿沟问题仍然存在。不同地区和学校之间的数字资源和技术设施的分配不平衡，可能导致学生在获取教育机会和获得先进教育资源方面存在差异。

## 二、个性化学习与教育公平

个性化学习的发展为每个学生提供了定制化的学习体验，但同时也面临着教育公平的挑战。确保所有学生都能享有公平的教育机会，避免因个性化学习而加剧教育差距，是一个重要的挑战。

个性化学习的发展为学生带来了许多机遇，包括更好地适应学习节奏、提高学习动机和参与度、培养自主学习能力等。然而，确保教育公平性是一个重要的挑战。以下是几个关键方面需要关注和应对：

首先，数据偏见和算法公平性。个性化学习依赖于学生的数据，而这些数据可能受到偏见的影响，如性别、种族、经济背景等。如果算法未能处理这些偏见，就可能导致对学生的不公平评估和个性化学习方案的歧视。因此，需要建立公平、透明和可解释的算法，确保个性化学习不会加剧教育差距。

其次，数字鸿沟和资源不平等。个性化学习需要借助技术设施和网络连接，然而在某些地区和学校，数字鸿沟和资源不平等问题仍然存在。一些学生可能无法获得足够的技术支持和资源，从而无法享受到个性化学习的好处。为了解决这一挑战，需要加大对数字基础设施的投入，并采取措施确保资源在各个学校和社区之间的公平分配。

第三，培养教师的个性化教学能力。教师在个性化学习中扮演着关键角色。他们需要具备对学生进行个别化指导和支持的能力，了解不同学生的需求和学习方式，并相应调整教学策略。为了应对这一挑战，教育机构应提供相关的专业发展和培训机会，帮助教师掌握个性化教学的理论和实践技能。

另外，社会认知和接受度。个性化学习是一种相对较新的教育模式，需要社会的认知和接受度。教育机构和政策制定者需要加强对个性化学习的宣传和推广，促使社会各界了解其潜力和优势，并建立支持和推动个性化学习的环境。

此外，监管和评估机制。确保个性化学习的公平性和有效性需要建立相应的监管和评估机制。监管机构可以制定相关政策和准则，确保个性化学习的实施符合教育公平和教学质量的标准。同时，评估机制可以用来监测个性化学习的效果和影响，并及时纠正可能出现的不公平现象。

最后，广泛参与和多元参与方式。为了避免个性化学习加剧教育差距，需要广泛参与各方的努力和合作。教育机构、政府、社会组织和家庭等应共同参与，制定政策、提供资源和支持，确保每个学生都能享有个性化学习的机会和权益。

个性化学习的发展为教育提供了重要的机遇，可以更好地满足学生的个体需求和发展潜力。然而，确保教育公平性是一个需要持续关注和努力解决的挑战。通过综合考虑技术的公平性、资源的平等分配、教师的专业能力和社会的支持，我们可以推动个性化学习的发展，使其为每个学生提供公平、有质量的教育机会。

## 三、跨学科与综合素养

在未来的社会和职场中，综合素养的需求将日益增加。传统的学科知识和专业技能已不再足以应对快速变化和复杂多样的挑战。因此，教育需要更多地关注跨学科能力的培养，以培养学生的综合素养。

创造力是未来社会和职场中的重要素养。创造力使人们能够思考问题、提出创新的解决方案，并具备创新的思维方式和方法。教育应该鼓励学生的创造性思维，培养他们的想象力、灵活性和独立思考能力，通过创造性的活动和项目来激发他们的创造潜力。

批判思维是对信息进行评估和分析的能力。在信息爆炸的时代，学生需要具备辨别真假、评估可靠性和解决问题的能力。教育应该培养学生的批判思维，使他们具备辨别信息来源、分析数据和提出有根据的观点的能力，以应对复杂的社会和职场挑战。

沟通技巧是在团队合作和交流中至关重要的素养。未来的社会和职场需要具备良好的口头和书面沟通能力，能够清晰表达自己的想法、倾听他人的观点，并有效地与不同背景和文化的人合作。教育应该培养学生的沟通技巧，包括口头表达、写作、演讲和团队合作等方面的能力。

团队合作已成为现代社会和职场中的核心能力。学生需要具备协作、领导和解决冲突的能力，能够在团队中有效地与他人合作，共同实现共同目标。教育应该提供学生参与团队项目和合作活动的机会，培养他们的团队意识、合作技巧和人际关系管理能力。

综合素养的培养需要教育从传授知识到培养能力的转变。教育机构应该设计和实施跨学科的教学计划，提供综合素养培养的机会和资源。同时，教师的专业发展也是培养学生综合素养的关键。教师需要具备跨学科知识和教学技能，能够设计和实施能够培养学生综合素养的教学活动和评估方法。他们应该不断更新自己的知识和技能，探索新的教学方法和工具，以适应快速变化的教育环境。

## 四、跨文化与全球视野

全球化的趋势使跨文化交流和全球视野的重要性日益突显。教育需要培养学生的跨文化沟通能力、国际合作精神和全球意识，使他们能够适应并参与全球化的社会和职场。

随着全球化的加速，人们与来自不同文化背景的人交流的机会越来越多。跨文化沟通能力成为一项重要的素养。教育应该培养学生的语言能力、跨文化意识和尊重他人的文化差异，使他们能够有效地与来自不同文化背景的人合作和交流。

全球化意味着国家和组织之间的紧密合作和互动。教育应该培养学生的国际合作精神，使他们能够跨越国界，与来自不同国家和背景的人共同解决全球性的问题。通过国际交流项目、合作研究和国际实习等活动，学生可以学习合作、协商和解决冲突的能力。

同时，全球化使世界各地的事件和问题紧密相连。教育应该培养学生的全球意识，使他们能够了解和关注全球性的挑战，如气候变化、可持续发展、社会不平等等，并培养他们对全球问题的责任感和解决问题的能力。

## 五、快速变化的职业市场

未来的职业市场将不断面临快速变化和技能需求的更新。随着科技的发展和全球经济的演变，新兴行业和职业不断涌现，而传统行业和职业也在不断演进和转型。这对教育提出了重要的挑战和机遇。

未来的职业市场要求个人具备强大的适应能力。教育应该培养学生的适应性，使他们能够灵活应对变化、快速学习新知识和技能，并适应新的工作环境和职业要求。这可以通过提供多样化的学习经历、实践机会和项目驱动的学习来实现。

创新成为未来职业中的核心能力。教育应该培养学生的创新思维和创造力，鼓励他们独立思考、寻找问题的解决方案，并能够应用创新思维解决实际问题。通过鼓励学生参与创新项目、提供创业教育和培训，学生可以培养创新精神和创业能力。

未来职业的快速变化要求个人具备持续学习的能力。教育应该培养学生的自主学习和自我发展能力，使他们能够主动地追求知识和技能的更新和提升。这可以通过教授学习策略、信息素养和学习方法的培养来实现，同时提供学习资源和平台，支持学生的终身学习。

## 六、可持续发展与环境意识

全球环境问题的日益严重需要教育系统致力于培养具备环境意识和可持续发展思维的新一代。教育在培养学生的环境意识、可持续发展观念和解决环境问题的能力方面扮演着重要角色。

首先，环境意识。教育应该通过课程内容和学校文化，培养学生对环境问题的认识和理解。学生需要了解环境的复杂性和脆弱性，意识到个人和集体行为对环境的影响。教育可以引入环境科学、可持续发展和生态学等相关课程，使学生了解环境问题的本质和全球性的挑战。

其次，可持续发展观念。教育应该培养学生的可持续发展观念，即将经济、社会和环境的发展融为一体，追求长期的平衡和可持续性。学生需要了解可持续发展原则和实践，学习如何在个人和社会层面推动可持续发展。教育可以通过案例研究、实践项目和社区参与等方式，激发学生对可持续发展的兴趣和积极性。

此外，解决环境问题的能力。教育应该培养学生解决环境问题的能力，包括分析问题、制定解决方案、推动变革和参与社会行动。学生需要学习科学方法、系统思考和决策制定的技巧，以应对复杂的环境挑战。教育可以提供实践机会，例如开展环境调研、参与环境保护项目和组织环保活动，让学生亲身体验并应用所学知识。

未来教育面临着众多挑战，包括适应快速变化的职业市场、培养跨学科能力和综合素养、促进跨文化交流和全球视野、培养环境意识和可持续发展思维等。然而，这些挑战也为教育系统带来了机遇。通过创新教学方法和技术、与行业和社会合作、提供终身学习支持等方式，教育可以应对这些挑战并开创新的教育模式。未来教育的发展需要持续关注社会和职业需求，注重学生全面发展，培养学生的创造力、批判思维、沟通技巧、团队合作能力以及环境意识和可持续发展思维，以培养适应未来社会和职场的新一代。

数字化背景下的教育革新以网络社会文化的视角提供了新的思考和机遇。通过数字化技术的广泛应用和网络社交平台的兴起，教育进入了一个全新的时代，推动了学习方式、教学方法和教育模式的革新。

在这个数字化时代，教育不再局限于传统的教室和教科书，而是变得更加开放、互动和个性化。学生通过在线平台和学习管理系统可以轻松获取教育资源、参与课堂活动和与教育者及同学互动。这种数字化教育为学生创造了更加灵活、自主和丰富的学习体验。

同时，网络社会文化也促进了学生之间的社交互动和协作学习。学生可以利用在线平台和社交媒体工具分享知识、合作项目和交流想法。这种社交和协作的学习方式培养了学生的参与感、互动性和团队合作能力，为他们的成长和发展提供了更多机会。

数字化教育还带来了数据分析和学习科学的发展，为教育者提供了更多基于证据的决策依据。通过分析学习数据和统计信息，教育者可以优化教学策略、课程设计和学习资源，提供更有效和个性化的教育服务。

　　然而，数字化背景下的教育革新也面临着一些挑战和问题。数据隐私和安全保护、教育公平和学生的数字素养等问题需要得到重视和解决。教育界需要积极应对这些挑战，确保数字化教育的发展符合伦理原则、法律法规和教育价值观。

　　总之，数字化背景下的教育革新以网络社会文化的视角为教育带来了巨大的机遇和挑战。通过充分利用数字化技术和网络平台，教育可以实现个性化学习、社交互动、数据驱动的决策和全球视野的拓展。这将有助于培养学生的综合素养、跨文化沟通能力、适应性和创新能力，为他们未来的成长和发展打下坚实的基础。

# 参 考 文 献

［01］喻长志.大数据时代教育的可能转向［J］.江淮论坛，2013，（4）：188- 192.

［02］黄荣怀，杨俊锋，胡永斌.从数字学习环境到智慧学习环境——学习环境的变革与趋势［J］.开放教育研究，2012，（1）：75- 84.

［03］吴刚.大数据时代的个性化教育：策略与实践［J］.南京社会科学，2015，（7）：104- 110.

［04］祝智庭，管珏琪.教育变革中的技术力量［J］.中国电化教育，2014，（1）：1- 9.

［05］钟志贤.数字化时代的学习文化变革［J］.江西广播电视大学学报，2011，（4）：1- 6.

［06］罗洁.信息技术带动学习变革——从课堂学习到虚拟学习、移动学习再到泛在学习［J］.中国电化教育，2014，（1）：15- 21.

［07］祝智庭.以智慧教育引领教育信息化创新发展［J］.中国教育信息化，2014，（9）：4- 8.

［08］肖凯. 数字化成长中的自我完善及其教育［D］.武汉：华中师范大学博士论文，2014.

［09］程换弟.数字化时代教育变革路径探析［J］.教育理论与实践，2016，36（22）：24.

［10］唐汉卫.人工智能时代教育将如何存在［J］.教育研究，2018，39（11）：18.

［11］黄荣怀，张慧. 人工智能助力教育更加灵活开放［N］. 中国教育报，2019-06-29（3）.

［12］王素. 人工智能与教育双向赋能［N］. 中国教育报，2019-06-29（3）.

［13］余胜泉.人工智能教师的未来角色［J］.开放教育研究，2018，24（1）：16.

［14］李政涛. 人工智能时代：教育的"变与不变"［N］. 人民政协报，2017-11-01（9）.

［15］余宏亮.数字时代的知识变革与课程更新［J］.课程・教材・教法，2017，37（2）：16.

［16］周序.如何认识数字化课程［J］.课程・教材・教法，2018，38（5）：44.